«LO SCRIGNO DI PSICHE»
Collana di testi per la comprensione
e l'applicazione della psicologia
nella vita quotidiana

Claudia Crivelli Barella

RITAGLI DI VITA

Scritti settimanali su
Cooperazione

Volume II
2013-2017

Anno 2019

I testi presentati in questo volume sono apparsi originalmente sul settimanale *Cooperazione* tra il gennaio 2013 e il dicembre 2017. L'Autrice ringrazia la direzione e la redazione di *Cooperazione* per il permesso di pubblicare gli scritti.

Copyright © 2019, Casa Editrice Ericlea
ISBN 978-88-96975-14-5

Tutti i diritti riservati. È vietata la riproduzione anche parziale con qualsiasi mezzo, anche a uso interno e didattico.

Casa Editrice Ericlea
Via Andreoni 4
CH–6850 Mendrisio – Svizzera
Telefono: +41 91 646 62 61
info@ericlea-editrice.com
www.ericlea-editrice.com

*Per Lila, Ella e Anna,
che mi mostrano
la strada da quando sono nate.*

INDICE

Prefazione – Ella Barella   ix

Introduzione – Claudia Crivelli Barella   xi

Duemilatredici   13

Duemilaquattordici   36

Duemilaquindici   75

Duemilasedici   120

Duemiladiciassette   169

Nota sull'Autrice   195

PREFAZIONE di Ella Barella

Ogni martedì, quando usciva l'articolo sul giornale, le mie sorelle e io ci chiedevamo: "Questa volta parlerà di me?" "Speriamo che la mamma non abbia scritto di qualche cosa che mi metta in imbarazzo!" Capitava anche di leggere l'intera colonnina e di non aver capito minimamente il contenuto di quell'insieme di parole, ma ovviamente sapevamo che la mamma aveva scritto uno dei suoi pensieri profondi e che noi eravamo forse ancora troppo piccoline per capirlo.

Con il passare degli anni, quando una di noi si ritrovava a confidare alla mamma un segreto – proprio o di un'amica – si finiva sempre per dirle: "Però mi raccomando, non scriverlo sul giornale!" Posso affermare che non sempre questa richiesta è stata esaudita, e svariate volte è successo che parenti o amici venissero a chiedermi se l'articolo di quella settimana si riferisse a me, e io rispondevo in silenzio, facendo di sì con la testa e arrossendo, oppure puntando i riflettori su una delle mie due sorelle.

Quando arrivavo a casa me la prendevo con la mamma, incolpandola di aver svelato i miei segreti più intimi. Ovviamente lei non lo faceva con cattiveria, ma per una ragazzina adolescente era il peggiore dei mali leggere su un giornale, di pubblico dominio, le proprie vicende imbarazzanti! Nonostante ciò è piacevole rileggere determinati articoli adesso: i pensieri su carta restano come testimoni del tempo passato, speriamo per sempre, e dunque rileggendoli è possibile rievocare ricordi che si erano perduti nell'immensità della mente e negli anni ormai trascorsi.

Questa raccolta – così come la prima – è un meraviglioso viaggio, un viaggio alla scoperta della vita di Mamma Claudia e di tutto ciò che la circonda, sia esteriormente che all'interno della mente, del cuore e della psiche. Tante cose sono cambiate, le mie due sorelle e io siamo cresciute, le passeggiate tutti e cinque assieme sono più rare (anche se la mamma e io condividiamo l'enorme passione per la montagna, particolarmente San Bernardino), l'ambiente e la vita a Mendrisio sono mutati. Nonostante ciò, rimane sempre quella fortunata unità di famiglia che comprendiamo veramente quando siamo tutti e cinque a cena sotto lo stesso tetto – con Runa, la nostra cagnolina, che dorme nella cuccia – e ci ritroviamo a ridere delle cose più buffe dimenticandoci dei problemi personali che affliggono la vita di tutti i giorni. Oppure capita anche che qualcuno di noi si ritrovi a confidare paure e timori, ovviamente sperando che la nostra blogger non li pubblichi sul giornale.

Inoltre, attraverso questi articoli la mamma è riuscita a fissare i momenti del passato in una cornice che oserei definire di eternità: in questo modo potremo portarli per sempre con noi. Dunque so per certo che in futuro potrò contare anche io su queste raccolte di articoli per poter rievocare fantastici (o anche tristi) ricordi. Oltretutto, questa raccolta è piena di aneddoti interessanti e curiosi, che possono aiutare, te lettore, a imparare qualche cosa di nuovo e magari ritrovarti in qualche pensiero contenuto in queste pagine. Trovo che la raccolta qui presentata possa essere letta tutta d'un fiato, magari in una giornata cupa e fredda per ritrovare un po' di luce e calore; oppure gli articoli si possono gustare in maniera frammentata, aprendo il libro a caso e leggendo un pensiero alla volta.

Buona lettura!

INTRODUZIONE di Claudia Crivelli Barella

Esiste il caso? Non credo: penso che esista piuttosto un'apertura verso i doni che la vita ci offre, che sta a noi intercettare e nutrire. Ciò detto, esistono particolari coincidenze e giochi del destino che, a distanza di anni, ci piace immaginare come chiari e significativi. Ricordo ancora la telefonata che mi fece la mia amica Isabella Visetti, chiedendomi se me la sentissi di collaborare con la rivista *Cooperazione* per qualche numero, raccontandomi in essi nella doppia veste di mamma e di psicoterapeuta. Era un giorno di sole, e le bambine mi stremavano e mi incantavano. Ero piena di quell'energia magica che si ha quando si fa un lavoro che piace, si hanno dei figli desiderati e un marito che si ama. Scrivere mi era sempre sembrata un'esigenza vitale, dare senso agli accadimenti una vocazione, raccontare la vita un imperativo. Accettai, e non sapevo ancora che stavo dicendo sì a molte parti importanti del mio destino di donna. L'appuntamento con le colonnine del martedì divenne fisso, e da collaborazione di qualche settimana si mutò in una costante che contribuisce ancora a definirmi. Da allora, succede nelle occasioni più disparate, sul treno o a una conferenza, che le persone mi riconoscano e mi avvicinino chiedendo se sono "quella che scrive su Cooperazione", ringraziandomi per la possibilità di identificarsi e di riflettere. Spesso mi dicono che ritagliano alcune colonnine che hanno toccato in modo particolare i loro cuori e le loro menti, per poi attaccarle sul frigorifero o nel diario per pensarci con calma, oppure per farle leggere ad amici o familiari. Mi inonda di gioia osservare come un'esperienza che era mia, intima e segreta, diventi universale e facilmente riconoscibile per molti: siamo tutti esseri umani, sofferenze e gioie si somigliano per tutti noi.

Nel tempo, la forma del pezzullo di mille battute o poco più ha dato una struttura ai miei pensieri, ha permesso loro di trovare una forma dentro la quale inquadrarsi, come dei piccoli *koan*, delle brevi poesie orientali: trovare una forma congeniale alla propria realtà spirituale è un esercizio importante! Mi piace pensare che si avvicinino più alla poesia che alla forma letteraria, poiché come poesia nascono: da urgenze del cuore, oppure da ricordi particolarmente vibranti, che nella normale forma scritta troverebbero molto più spazio, si dilungherebbero come acqua, facendosi meno densi, più bevanda e meno distillato. Infatti, è molto diverso per me scrivere altro: rapporti, lettere, il blog di Cooperazione "La stanza di Claudia": là mi prendo più spazio, e mi dilungo, divago, indago. Nei pezzulli, sforbicio e concentro: mi ci vuole spesso più tempo per scrivere quelle mille battute che per un testo di cinque pagine. Inoltre, i pezzulli sono notturni: mi svegliano di notte, o mi assalgono in momenti di totale tranquillità: sono bestie feroci, e mordono. Non sono letteratura per signorine, anche se possono camuffarsi come tali.

Sono fiera di loro, che mi usano ma mi trascendono, che sono miei ma anche di tutti: della mia famiglia e dei miei amici, ma anche di chi legge, donna (più facilmente), o uomo. Esistono anche pezzulli segreti, mai scritti perché indicibili: i pezzulli dei misteri, miei, dei miei cari, di amici e pazienti che mi hanno confidato loro segreti. Quando scrivo di vite altrui, sono sempre modificate, e non è quasi mai così quando qualcuno mi dice di essere sicuro di essersi riconosciuto in un brano: le esperienze umane sono universali, e si somigliano nelle loro essenze.

Spero che possiate trovare un aiuto per orientarvi sul vostro personale sentiero attraverso questi ritagli di vita, ve li offro con spirito di condivisione e sorellanza,

DUEMILATREDICI

Il libro di ricette

Le donne cucinano per i propri cari, per conquistarsi l'amore, per passione e per piacere. Io, figlia degenere delle mie sorelle, potrei scrivere un libro di ricette...sono davvero tremenda, mi dicono i miei, in cucina: le mie ricette avrebbero dei titoli molto diversi da quelle dei libri in cui sembra che le more siano appena raccolte e rugiadose, i funghi paiono profumare e gli impasti rappresentare la quintessenza della morbidezza. Le mie ricette: "L'arrosto carbonizzato mentre me ne dimentico andando a rastrellare foglie in giardino; su un letto di insalata lavata così in fretta che vi si trova un lombrichino dello stesso verde delle foglie"; "La pizza bruciacchiata mentre parlo con un'amica al telefono di questioni di vitale importanza"; "La torta biologica con grano saraceno e poco zucchero che persino Tom cane si rifiuta di mangiare"; "I dolcetti ammosciati mentre contemplo l'orizzonte meditando sulla finitudine della vita"; "La pasta incollata perché nel contempo stavo riordinando la biancheria, assistendo le figlie nei compiti e preparando una strategia volta al miglioramento della società civile"; ...Immagino abbiate capito che è meglio invitarmi a pranzo piuttosto che venire da me invitati. I miei pasti preferiti consistono in pane fresco, formaggio, miele e vino. Oppure, frutta e cioccolato: ingredienti talmente scombinati da risultare perfettamente bilanciati, e se mangio da sola o in buona compagnia, il mio corpo ringrazia. Non è che non mi piaccia cucinare: è che mi piace troppo fare tutto il resto, e soprattutto mangiare quando qualcuno si occupa di me. Come consiglia mio marito: "tu apparecchia la tavola"...almeno nelle decorazioni, ho una certa fantasia!

Le pulizie ben organizzate

Possiedo una serie di asciugapiatti che facevano parte del corredo di mia mamma: sono sette, e su ognuno è raffigurata una donna stilizzata, dalle forme allungate ed eleganti, che ogni giorno si dedica ad un'attività domestica differente: lunedì fa il bucato (con una tinozza da cui escono delle bolle di sapone), martedì rammenda, mercoledì stira, giovedì fa una pulizia generale della casa, venerdì giardinaggio, sabato si dedica agli acquisti e, *dulcis in fundo*, domenica va in trattoria (ci sono due piatti fumanti davanti a lei, ma il marito si deve essere alzato dalla sedia: è sola). Questi strofinacci contengono un mondo, e testimoniano uno stile di vita che forse non esiste più, ma che non smette di esercitare il suo fascino su molte di noi: curare la propria casa, trovare un'intima, profonda soddisfazione da un ambiente curato, pulito, reso accogliente.

Senza fretta, con metodo, con piacere, con scelta e senza vittimismi o rinunce. Sono convinta che le signore delle pulizie siano un regalo avvelenato che facciamo a noi stesse, e che come ci ha insegnato Gandhi, ognuno dovrebbe, almeno saltuariamente, pulire ciò che sporca, e occuparsi della manutenzione della vita. Per gli uomini, è una pratica utile, da apprendere già nell'infanzia. Per noi donne, può costituire un'autentica gioia, un esercizio di vita semplice, che ci aiuta a riflettere, a riconciliarci con noi stesse, con le fatiche del vivere, con le pene d'amore (quando mai l'amore non è anche sofferenza?). Ragazze, puliamo i vetri per avere una visione più chiara del mondo!

Ballata del battello

Eravamo su un battello, dondolati dalle onde: una gita festiva. Ad un tratto, ho intercettato un bel ragazzo dai capelli scompigliati dal vento, che guardava nella mia direzione e, da riflesso condizionato, ho tirato in dentro la pancia e guardato l'orizzonte sentendomi dentro un film. Poi, ho seguito lo sguardo del ragazzo e l'ho visto posarsi sulla fanciulla in fiore accanto a me, mia figlia. Anche lei con i capelli scompigliati dal vento, bella di una bellezza acerba e non più infantile. Con buona pace del buon Sigmund, mi sono sentita allegra, alleggerita...ed ho sorriso di me e della situazione con una sensazione di riconoscenza verso la vita. Ho fatto un passo indietro, perché mia figlia avesse tutta la luce del sole su di sé, e mi sono gustata la scena. Secondo Freud, esiste una gelosia e una rivalità tra madre e figlia, ma Sigmund Freud era un uomo, e come tutti gli uomini capiva bene l'animo maschile, e meno a fondo quello femminile. In realtà, è una grande gioia per ogni mamma che non sia ferma allo stadio adolescenziale vedere il ciclo della vita che si rinnova.

Inoltre, la complicità femminile è un dono per ogni stagione della vita. Ero convinta che la mia giovane figlia non si fosse accorta di nulla, ma quando siamo scese le ho chiesto se aveva visto un ragazzo che la guardava: mi ha sorpresa e divertita individuandolo immediatamente: *"Chi? Il figo paura seduto davanti a noi?!"*. Abbiamo riso, e il ragazzo è scomparso tra la folla che scendeva dall'imbarcazione.

Compagna solitudine

L'infelicità assomiglia allo zero della matematica: annulla tutto ciò che si accoppia a lei. Meglio ignorarla, come gli antichi costruivano templi e ponti e acquedotti senza operare con lo zero. Ma da quando un matematico si è accorto di questa entità, i numeri non hanno più avuto pace: lo zero è paragonato al nulla, ma a seconda del posto che occupa fa esplodere le cifre, o le umilia. Difficile da spiegare ma sempre presente: come l'infelicità.

Ci sono giorni che nascono con l'infelicità come cifra esponenziale, e non c'è nulla da fare: il sole o una bella notizia non fanno che peggiorarla, evidenziandola ancora di più. Perlomeno, se piove o capita qualcosa di brutto, si avverte l'armonia della coerenza, e si è un poco consolati. Ma se tutti ridono, tutti si divertono, pare davvero un'ingiustizia, come diceva Calimero il pulcino nero, un buon depressivo, come l'asino Hi-ho e molti altri personaggi, tra cui tutti i letterati e i filosofi...perché chi mai diventa sapiente quando è felice e vive bene?!...A volte penso che l'ereditarietà sia un autentico dramma, e che spero le ragazze non abbiano ereditato quel pastrugno di cuore della mamma, ma siano forti, sicure e un po' gelide, magari un tantino ciniche e cattive il giusto (le brave ragazze vanno in paradiso, le cattive ovunque desiderino arrivare!). Le guardo, e mi dispero, perché riconosco gli stessi miei tratti del male di vivere, che sono gli stessi dell'umanità, e vorrei che a loro fosse risparmiata tutta questa pena.

Il tocco del papà

Ci sono immagini che restano impresse nella mente, e ci raccontano della nostra storia di vita. Mi trovavo a un concerto, sulla porta c'era un giovane a braccia conserte. Suo padre è uscito dalla sala e gli ha messo una mano sul braccio, con un tocco deciso e carezzevole, senza parole. Non so se il figlio abbia avvertito amore, e protezione (lo spero per lui); non so neppure in che rapporti siano, ma ho sentito freddo, perché nessuno mi accarezzerà mai il braccio in quel modo, con l'amore incondizionato e senza scopo che soltanto un genitore sa dare.

Certo, siamo tutti un po' amati, spesso mal-amati, soprattutto quando siamo utili e produttivi o se ci prodighiamo con mille opere e parole. Ma forse soltanto un genitore ci sa guardare per quello che siamo, e non pretende niente da noi. A qualsiasi età, essere senza genitori è una condizione di una malinconia difficile da spiegare a chi madre e padre li ha ancora, e magari ci litiga o deve sopportarne il peso per il carattere o per gli acciacchi dovuti all'età. In studio, mi capita di veder scendere silenziose sincere lacrime a persone molto in là con gli anni, dopo che mi hanno parlato dei genitori scomparsi decenni addietro. I genitori ci insegnano l'unico vero amore che conta: quello che nulla chiede, e tutto dona. Un amore raro in una società che tutto consuma.

Prima dei trent'anni

Uno slogan dei figli dei fiori ammoniva: "non fidarti di nessuno che abbia compiuto trent'anni" e, pur non avendo vissuto il sessantotto, ho sempre trovato sensata questa frase. C'è un'età magica, tra i venti e i trent'anni, in cui ragazze e ragazzi sono più vicini al cielo e alla terra di chiunque. Un'età in cui sono ammantati da un'aurea divina, bellissimi e forti, quando le cose vanno bene; oppure bellissimi e perduti...come Jim Morrison, Janis Joplin, Curt Cobain e tanti altri, morti all'età di ventisette anni; come il giovane Werther, Chris Mc Candless e altri eroi letterari. Ho sbattuto contro diversi alberi voltandomi per ammirare, attonita ed estasiata, lo splendore di giovani non ancora trentenni. Poi, sono cresciuti, e la vita ha avuto il loro splendore, sporcandoli con abiti costosi e facili privilegi. Sono diventati belle persone, in molti casi, ma quell'alone divino li ha abbandonati, gettandoli in vite comode e per nulla criticabili.

Eppure, invecchiando, ho imparato a scorgere quella scintilla nell'andatura dinoccolata e incurante di certi ultracinquantenni, e nello sguardo birichino sotto la chioma canuta di alcune signore...ho sobbalzato dicendomi: *eccoti là, puer aeternus, fiamma di vita, indomita voglia di danzare nel vento fregandosene delle convenzioni!* I figli dei fiori sbagliavano, avendo ragione: mai fidarsi di nessuno che non abbia dentro di sé una parte che risalga a prima dei trent'anni!

La tenerezza

L'importante è non perdere la tenerezza. "*Bisogna essere duri senza perdere la tenerezza*", diceva il Che Guevara, un mito presente nei poster o sulle magliette di qualsiasi giovane che non sia dall'altra parte del mondo, quella del perbenismo e dell'economia capitalista. Un mito ben installato in una parte di cuore di chi ha perso la speranza di diventare adulto in tempi brevi, e se ne rallegra, perché gli adulti suoi coetanei gli sembrano a volte dei vecchi inaciditi dalle delusioni inevitabilmente inferte dalla vita. L'avete capito: parlo di me, quando mi capita di vedermi da fuori, nelle implacabile sequenze delle telecamere o degli obiettivi fotografici, mi rendo conto di essere una signora di mezza età un po' sovrappeso, e mi sorprendo dell'involucro goffo che si è creato quell'elfo scattante e senza tempo che sento vivere dentro le mie membra.

Mi guardo attorno, e vedo tanta amarezza, tanti volti tirati, bocche che si piegano verso il basso, sguardi cupi in abiti lussuosi o in vesti consunte…se crescere significa rassegnarsi ad un processo di indurimento, incoriacimento, amareggiamento…no, no, non ci sto! Per scongiurare il degrado, ho le mie magie: camminare nel bosco in solitudine, pensare a quelle persone in grado di far sgorgare la tenerezza dentro il mio cuore. Persone reali, ma anche esseri di fantasia, e figure mitiche incontrate durante la vita, ispiratori di lotta contro i luoghi comuni, e guerrieri dello spirito. Persone dolci, dure con la vita che hanno saputo conservare la tenerezza: eroi!

Maschile e femminile

A colazione, la piccola raccontava sdegnata di un compagno che ieri è venuto a scuola con degli stivaletti "da femmina": come sempre, si accoglie con ilarità un maschio che si veste con un capo d'abbigliamento femminile, ma ho ribattuto che non critichiamo se una femmina va a scuola o al lavoro con un vestito maschile...già da bebé, nessuno ha niente da eccepire se una bambina è vestita di azzurro, ma provate a mettere una tutina rosa a un maschietto: sinceramente, anche io ho qualche difficoltà, perché sono cresciuta in una cultura sessista, nella quale il femminile sembra danneggiare, o rendere meno *macho* il maschile.

Mi succede a volte parlando con degli uomini di avere l'impressione di essere una forma tonda che si scontra con gli spigoli di un quadrato, e che loro siano affascinati dal modo di pensare femminile, ma che poi se ne ritraggano con paura, timore, a volte panico o fastidio puro. Perciò, mi piacerebbe in certi momenti vivere in una società ben divisa: classi scolastiche solo femminili, e ambiti differenti con sparuti contatti tra uomini e donne: staremmo tutti più tranquilli! Mi piacerebbe poter vivere in un mondo in cui un maschietto possa vestirsi con un costumino rosa confetto senza che nessuno ci trovi nulla di particolare, esattamente come una ragazzina ha la possibilità di girare in jeans e anfibi e stravaccarsi sul divano in posa maschile. Sono in contatto con la mia parte maschile, che è quella solare che mi fa lottare e divertirmi, e poi salta fuori la parte femminile, ed è lunare e misteriosa e adora pizzi e color cipria. D'accordo, è una parte che vive in un'altra epoca, ma quando non la sento per troppo tempo mi manca! Dentro di noi alberga un'*anima* e un *animus*, e abbiamo bisogno di tutt'e due, sole e luna, ragione e sentimento, cervello e cuore (il cervello è femmina, il cuore maschio, capitemi bene!).

Le cose dell'amore

È un po' stancante leggere i giornali, con l'eccezione di *Cooperazione* (gli apprezzamenti vanno fatti quando sono meritati!): occorre fare gimcane tra foto di nudi, ragazze molto, troppo prosperose, bocche giganti, notizie di aperture di postriboli, e metterli via appena letti per non lasciarli tra le mani delle figlie, che poi fanno domande scomode: quanti locali notturni e prostitute ci sono? Tanti, e ci sono parecchi uomini che le cercano. Questo mi mette tristezza, perché se ci sono persone disposte a fare commercio delle cose dell'amore, significa che c'è poco amore nella vita di tutti i giorni.

Le ultime persone felici che ho incontrato, in realtà le ho soltanto sentite: passavo vicino a un capannone in disuso, a notte dopo il festival di Locarno, e nell'aria c'erano le voci di due amanti che sospiravano e gemevano appassionatamente. L'aria attorno era carica di un'energia sana, vitale, positiva. Mi sono fatta l'idea di una bella storia, con una base di amore sincero, anche se non proprio platonico o spirituale. Se tutti potessero vivere serenamente e con gioia il proprio essere incarnati in un corpo, saremmo tutti più sereni. Comprare l'amore, invece, mi sembra un atto profondamente triste: le cose importanti della vita non hanno prezzo, e fissare una cifra, farci attorno un mercato, non ha giustificazioni, e cerco di spiegarlo alle ragazze che arrossiscono quando mi vedono nel ruolo di predicatrice del libero amore.

I giochi delle bambine

Ho ascoltato un ragazzo dire che gli è piaciuto il film "Titanic" per tutto, tranne che per la storia d'amore. Mi sono ricordata dei pianti davanti al video con le ragazze, guardando quel film, e per quanto mi sia scervellata, non sono riuscita a capire cosa si possa scorgere in quella pellicola, oltre alla storia d'amore. Deve avere a che fare con le differenze di genere, quelle differenze che alle donne fanno ricordare un film d'azione grazie ai tre fotogrammi che accennano ad un qualche tipo di relazione tra i protagonisti; mentre gli uomini sbadigliano nei momenti cruciali di tutti gli autentici capolavori sentimentali.

Per la stessa ragione, le bambine riescono a giocare alla famiglia ricreando un piccolo villaggio persino con i soldatini di plastica e i mostri spaziali dei fratelli, trovando combinazioni ardite, del tipo: *il Power ranger era la mamma e il cow-boy era il papà*...Mentre i loro fratelli maschi riescono a far fare la lotta persino alla Barbie e al Ken, notoriamente creati per un eterno quanto romantico fidanzamento. Un tempo esisteva anche Big Jim, dal ruolo non ben definibile: era più *macho* di Ken, con un braccio che azionando una levetta nella schiena sferrava un colpo in grado di spezzare una tavola di finto legno presente nella confezione (nessuno se la ricorda: andava persa dopo due giorni). Per le bambine, era meno interessante, rappresentava il terzo incomodo, o il fidanzato respinto, ma conservava una sua aurea di mistero, ed era l'unico personaggio che gli amici maschi accettavano di far vivere. Come mi manca Big Jim! L'ho sempre sottovalutato, e adesso mi spiace non averci giocato con un po' più di considerazione, tutta presa dall'etereo quanto noioso Ken!

Le parole per dirlo

La vita non è sempre facile, ma un grande aiuto nell'accettarla e sopportarla sta nel trovare le parole giuste per poterla raccontare almeno a se stessi, meglio ancora ad un'altra persona. Personalmente, gongolo di autentica soddisfazione quando mi trovo a poter utilizzare espressioni che mai avrei pensato di poter pronunciare, e con le quali la vita diventa più ricca e preziosa. Per dirne una, ho raccontato ai miei amici per giorni interi la soddisfazione provata nell'aver avuto occasione almeno una volta nella vita di pronunciare le parole "*adiremo le vie legali*": non è un'espressione che suona benissimo, e che fa presagire gloriose lotte?! Sono stata felice per giorni dopo aver detto ad un impiegato di banca che intendevo chiudere un mio conto "*per un cambiamento di strategia*" (se l'è cercata: mi ha domandato il perché, doveva compilare delle carte anche se si trattava di un conto di poche centinaia di franchi, e non è riuscito a non sorridere persino lui della mia risposta, sotto i baffi della sua seriosità professionale e compita!). In un'altra occasione, una persona mi ha detto di due persone che credevo avessero una storia d'amore che "*si pastrugnavano un po' su*": mi è sembrata un'espressione azzeccata (e un modo di relazionarsi che mi sembra interessante nel suo mistero, sarà che non ho mai avuto modo di frequentarlo!). Insomma: esistono al mondo espressioni fantastiche, a saperle scovare e utilizzare. Non è sempre facile vivere, ma dirlo, e dirlo con cura e attenzione, è un piacere infinito!

Il prato del vicino è sempre più verde

Parafrasando un proverbio sui prati, si potrebbe dire che "la mamma degli altri è sempre più verde". Come tutti i genitori, sono aspramente criticata dalla figliolanza, ma godo altresì dell'ammirazione dei loro compagni per i motivi più incredibili, in buona compagnia con il papà, che è interessante per la sua *allure* d'altri tempi (quelli dei figli dei fiori, non di Matusalemme!). L'ammirazione si basa sul fatto che le ho permesso di acconciare i capelli in stile rasta con entusiasmo, e che rido quando dice delle parolacce particolarmente creative. Perciò, ingannandosi, pensano che siamo genitori permissivi, mentre le figlie sanno bene di avere genitori forse più severi di tanti altri, non permettendo loro di sprecare tempo, entusiasmo e la loro fiducia in quisquiglie.

A volte sono emotivamente uno straccio, come oggi quando mi sono trovata a percorrere da sola un prato che avevo attraversato pochi anni fa (una dozzina) con lei piccola, la sua tenera manina nella mia, i suoi occhioni più azzurri del cielo spalancati sulle coccinelle e sulle farfalle. Oggi la piccolina è grande e incredibilmente fedele a se stessa; al momento è a spasso con le amiche e sono felice per lei, ma mi manca la mia piccola, e mi chiedo come sia possibile che sia cresciuta tanto in fretta!

Pioggia di emozioni

Sono allegre queste piogge primaverili, con il sole che fa capolino e scalda tutto in pochi minuti. Piante e falde freatiche gioiscono...stamane mi sembrava che il bambù dietro casa ridesse dal piacere! Mi sono incantata a guardare la terra che, zuppa d'acqua, faticava ad assorbire la nuova pioggia, e ho pensato che spesso anche noi siamo così: circondati da troppa bellezza, o perlomeno da troppe emozioni, informazioni, cose da fare, persone da incontrare...fatichiamo ad assorbire l'eccesso, e ci sentiamo zuppi e pesanti come zolle di terra troppo irrigate. Questa è una delle cose belle degli anni che passano: si impara a selezionare, a dire dei no, a trovarsi degli spazi di solitudine in cui assaporare e far decantare le emozioni in eccesso.

Ricordo tempi e anni in cui niente mi bastava mai, assetata di vita, e mi ritrovavo con le ginocchia sbucciate nelle scivolate sul terreno, incapace di star dietro alla mia avidità di accadimenti. Adesso, mi basta poco per sentirmi appagata: a volte, solo un ciao da qualcuno che sento amico, una birra e due chiacchiere quando è festa, uno squarcio di verde. Una pioggerella sottile, e il suo canto che mi culla prima di dormire. Me ne sto da sola, e mi sento in comunione con il mondo intero, umida di vita e pronta a riceverne ancora. Adesso, però, aspettiamo l'estate e il vero caldo che ci scaldi le ossa e i pensieri!

La gelosia tra fratelli

"Sei la mia bambina preferita!" è una delle espressioni usuali quando balzo per uno degli agguati ad abbracciare una delle figlie che rientra a casa. Mi rispondono tutt'e tre: "Non vale, lo dici anche alle altre!"...Il fatto è che è proprio così: ognuna di loro è la mia figlia preferita, e so che ogni mamma mi capisce bene: una figlia è la preferita se penso alla sua dolcezza che si trova sotto uno strato bello spesso di resistenze e punte acidule; un'altra per la sua solarità (a volte ombreggiata); e la terza perché è la prima, e il primo figlio è un bene speciale in un altro modo, quello che ci ha fatto diventare genitori, e che ricorderemo ancora da vecchietti con la sua vocina che chiede *"cappé, papu?"* (*caffè, papà?*) porgendo una tazzina da bambola.

Se obbligassero una madre a scegliere uno tra i suoi figli, sceglierebbe il più delicato, il più bisognoso di cure...e poi cambierebbe idea dopo un'ora, perché penserebbe all'altro figliolo, e il suo amore si concentrerebbe su altre parti. Una scelta definitiva sarebbe impossibile, anche se ci sono affinità caratteriali che rendono più semplice la relazione con un figlio rispetto ad un altro. Ma facilità e amore sono due termini che non sempre vanno d'accordo: anzi, in genere amiamo tanto più incontriamo delle difficoltà, quindi succede spesso che il figlio più "amato" sia proprio quello con il quale abbiamo un rapporto più conflittuale, o complicato. Io riesco ad avere rapporti complicati persino con me stessa, figuriamoci con le mie ragazze!

Territori comuni

Dalla comunicazione tra uomini e donne nasce la civiltà (dall'amore, gli esseri umani). Basta saper comunicare, e non fare come cani e gatti che non si capiscono perché usano segnali differenti (il cane scodinzola per giocare, e il gatto lo interpreta come un segno d'attacco...). Un piccolo prontuario di argomenti da evitare con i nostri amici uomini: non aspettarsi condivisione sui nostri mali di vario tipo (loro danno consigli, non commiserazione); evitare i colori (finché si sta sul rosso o blu d'accordo, ma non addentratevi in sfumature tipo il pervinca o il rosa cipria: in pochi vi seguiranno); non accennare al ciclo mestruale o ai dolori del parto (si schifano, si spaventano, oppure si annoiano); parlare della bellezza dei fiori solo con i botanici o i molto *green*; complicati rapporti di parentela rischiano di venir confusi alla settima genealogia; evitare come la peste i film sentimentali (andate sul sicuro con quelli d'azione, o storici, con vari gradi di coinvolgimento a seconda degli interlocutori); evitare come il colera i romanzi sentimentali...anzi, evitare ogni accenno a qualcosa che abbia a che fare con i sentimenti (non che non li provino, ma in genere non amano parlarne).

Poi: fate molte domande, ma non siate petulanti (una domanda ripetuta è già *essere petulanti*); dimostrate di sapervela cavare da sole, ma in dosi omeopatiche chiedete aiuto (li gratifica, in fondo sono sulla terra per aiutarci); non giudicate (i comportamenti che non approvate sono in genere il loro linguaggio, diverso dal nostro); siate gentili e non acide (la gentilezza migliora sempre il mondo).

La vita avventurosa

Le parole creano mondi: a volte basta un'espressione per far navigare la fantasia, come quando sento frasi del tipo *"venti tempestosi scuotono il mondo bancario"* e subito immagino Sergio Ermotti nei panni di un capitano coraggioso che fa scendere i suoi impiegati UBS con la cravatta rossa su scialuppe di legno in mezzo a onde spaventose e polipi giganti che ghermiscono la nave. O vedo i grossi suv che percorrono le strade come dei rinoceronti inconsapevoli che potrebbero travolgere le mie figlie mentre vanno a scuola. Viviamo in una giungla, o in un mare burrascoso, o tra i ghiacci dell'Antartide: la vita è tutta un'avventura, e per questo ci appassioniamo ai romanzi.

Anche i ragazzi necessitano avventura: le gambe sono fatte per correre, gli occhi per guardare lontano. Abbiamo periodicamente bisogno di avere il cielo sopra la testa, e di mescolarci con gli elementi: danzare nel vento, sentire la pioggia sul viso, il sole nelle ossa; nuotare nell'acqua, scivolare sulla neve (una slitta è più divertente degli sci!), toccare la terra, annusare il fogliame. Siamo esploratori della giungla e predatori del deserto. Siamo guerrigliere urbane e indomite arciere. Pare a volte che conduciamo una vita borghese, ma in realtà ci aggiriamo curiosamente tra elfi e spiriti arcani: il mondo è popolato di creature affascinanti e misteriose, e noi ne siamo parte. Tolta la patina di banalità, il mondo dispiega le proprie meraviglie!

La bottega della lana

Sono un gomitolo di lana rosso. Mi ricordo i lenti pomeriggi passati nel retrobottega del negozio di lane "*Chez Monique*" in via Peri a Lugano dove lavorava mia mamma. Dopo scuola, mi sedevo in un angolo con i compiti, e ascoltavo i discorsi delle clienti che tra una diminuzione e un ricamo raccontavano storie fantastiche di amori infelici, malattie devastanti, faide familiari e dispiaceri vari. Non mancavano, tra questi dolori e affanni, anche momenti di grande allegria, battute di spirito, commenti sulla vita quotidiana e canzonature memorabili che restavano per anni a designare qualche conoscente. Gli uomini erano i grandi esclusi (si è mai visto un uomo dell'età dei nostri genitori sferruzzare?), nonché misteriosa fonte di racconti. Un universo femminile, caldo e avvolgente come la lana e aspro come una limonata. Avevo l'armadio pieno di creazioni di alto pregio, autentici manufatti d'arte magliaia, e invidiavo le mie compagne che ogni autunno sfoggiavano un nuovo pullover della *012 Benetton*. Adesso percorro mercatini in cerca di maglioni e scialli fatti a mano, e mi mangio le mani per aver carpito solo segreti umani e neppure una dritta sulle complesse operazioni di ferri e uncinetti, condannandomi alla creazione di sciarpe e primitivi cappottini per bambole e cani che sarebbero state impietosamente canzonate persino dalle clienti più imbranate. La psicologia invece della manualità, la fantasia invece di un bel pullover caldo: giudicate voi se ci abbia perso o guadagnato... probabilmente, entrambe le cose!

La lettura

Un'antropologa ha interrogato per anni i lettori di narrativa impegnata (non di *best seller*), arrivando a distinguere due categorie di persone che amano la lettura di romanzi: coloro che hanno avuto dei genitori che leggevano (e che, se erano intelligenti, proibivano loro di leggere di sera, incentivando in tal modo l'amore per la lettura con il piacere del proibito), e che durante gli anni giovanili hanno trovato un compagno con cui poter condividere le letture (che felicità, incontrare qualcuno che ha amato i nostri stessi libri, e poter discutere insieme dei personaggi come di vecchi amici!).

La seconda categoria è quella dell'isolato sociale: il bambino che si sente diverso da tutti quelli che lo circondano e che si forma una comunità di scrittori alla quale sentirà sempre il bisogno di appartenere, con la necessità di isolarsi periodicamente per leggere in solitudine. Questo secondo tipo di lettore, che non necessariamente resta un isolato (anzi, spesso diventa molto socievole, per compensare la solitudine degli anni infantili), più facilmente diventa scrittore a propria volta. In ogni caso, chi ama la lettura di narrativa sente la necessità di leggere per dare un senso alla vita, per confrontare le opinioni, per trovare sollievo al male di vivere. Non so immaginare una vita senza libri!

Qui o là?

Ci sono giorni in cui non ho dubbi: mi trovo al centro del mondo, nel luogo e nel momento in cui devo essere, e non vorrei trovarmi da nessun'altra parte. Ho avvertito forte questa sensazione in certe giornate estive, guardando le foglie di un albero o le nuvole scorrere accarezzando il cielo. Oppure, certe mattine piovose, in angoli del mondo bislacchi: in fila alla posta in India, in fila alla posta a Mendrisio, da sola, in compagnia, su treni anonimi, su treni luminosi e allegri.

Molto spesso, invece, mi accodo allo *Zeitgeist*, a questo spirito del nostro tempo che ci impone un'eterna insoddisfazione: siamo qui ma anche altrove, potremmo star bene ma vogliamo di più, ci impongo forzatamente di pretendere di più e di meglio. Non basta un lavoro: occorre guadagnare di più. Guai a restare al primo matrimonio, perdendosi gli altri due che ci spettano di diritto. Va bene i figli, ma sempre almeno uno in più di quelli che abbiamo, e più roba, più emozioni, più esperienze, più viaggi, più cibo, meno chili, più diete, più palestre, più oggetti, più desideri...una sarabanda interminabile che conduce inevitabilmente ad una perpetua insoddisfazione. Meglio, molto meglio, quegli istanti magici in una brutta strada, con niente di eclatante che possa servire a uno spot pubblicitario, un po' randagi, e con il senso preciso e luminoso di essere nel luogo giusto, qui e ora.

Sì, viaggiare...

"*Ah, la Grein*a!" è diventata l'espressione con cui le figlie mi prendono in giro quando si parla di viaggi. L'estate termina, e spiace riporre i vestiti estivi pensando ai lunghi mesi invernali. Viene una tentazione: progettare una vacanza balneare a metà inverno, una fuga in un'isola tropicale...Spiego che non possiamo permettercela, non per motivi finanziari, ma per una coscienza ecologica che stride con dei viaggi di lungo percorso per motivi futili, che la nostra impronta ecologica sul pianeta non deve essere troppo pesante.

Le ragazze mi incalzano, dicendo che i loro compagni raccontano con un po' di spacconeria vacanze dall'altra parte del mondo, e mi dicono che anche loro vorrebbero *"tirarsela un po'"* (ah, la vanità umana!...). Rispondo che possono raccontare di belle vacanze nel mediterraneo; di essere andate in campeggio in Leventina a dormire sotto le stelle; e sul canotto nel laghetto di San Bernardino; e di aver fatto tante belle escursioni montane, tra le quali al passo della Greina...da qui la presa in giro: " *Certo, quando qualcuno ci racconta dei viaggi negli Stati Uniti e alle Maldive, diremo: ah, ma come la Greina non ce n'è!...".* Il fatto è che davvero c'è più ricchezza, ne sono convinta, in una conoscenza profonda e amorevole della propria terra, che in tanti viaggi preconfezionati e standardizzati. La differenza che passa tra un dolce fatto in casa e una brioche industriale confezionata. Ah, la Greina!...

L'angelo di Natale

All'improvviso, guardando una finestra illuminata, mi è tornata alla mente un'immagine radicata nel fondo della memoria: un angioletto colorato di plastica trasparente, una di quelle paccottiglie dal sapore kitsch ma irrinunciabili del Natale, che sono inguardabili in altri periodi del calendario. L'angioletto colorato ha accompagnato tutta la mia infanzia, ogni anno più sgualcito e stropicciato, e veniva appeso alla finestra, da dove mi guardava rassicurante, con un magnifico effetto luminoso quando veniva attraversato da un raggio di sole. Nel riordino dopo una qualche Epifania, devo averlo considerato oramai troppo sciupato, ed è sparito. Ma nel profondo della memoria, ancora mi osserva, e rende colorato il mio Natale.

Certo, nessuno mi guarda più con quell'amore incondizionato e senza richieste con cui mi accoglievano i miei genitori, che ancora mi manca, anche se mi consolano rispetto, amicizia e stima. Eppure, mi sorprendo a volte di come nessuno mostri felicità pura per la semplice constatazione della mia esistenza, ma in compenso la stessa meraviglia scende su di me ogni mattina quando le mie figlie si svegliano: ogni mattina, è Natale! Ma lo sguardo benevolo dell'angelo, mi accorgo, lo ritrovo ogni volta che mi sento sola, e mi dona calore e speranza nei freddi giorni invernali. Un'infanzia serena è un capitale inesauribile, che ci accompagna per tutta la vita, e sta a noi adulti assicurarla alle prossime generazioni. Buon Natale, con la pace nel cuore!

DUEMILAQUATTORDICI

Sentieri montani

"*Le alpi sono maestri muti, che formano allievi silenziosi,*" diceva Goethe, e davvero chi va per sentieri montani impara a stare in silenzio, lontano da discorsi obbligati e contatti costanti, e ad apprezzare, fino ad aver bisogno, di quella quiete, quel silenzio, quella pace che rimette in sesto i nostri corpi impigriti dalle comodità moderne e le nostre anime in subbuglio. Se mi chiedessero un elisir di vita felice, risponderei: un buon paio di scarpe per camminare, e la voglia di farlo. In questo senso, la ricchezza più grande alla quale possiamo aspirare è il tempo per lasciare tutto e partire, rinunciando a un giorno di lavoro, a un pomeriggio di shopping, a un ennesimo impegno.

Non esiste piacere paragonabile a quello di percorrere un sentiero dissestato di campagna, con tutto il tempo per attardarsi a guardare le erbe che spuntano dai muri a secco o dalle pietre, e non riesco ad immaginare nessuna sensazione di vittoria e di intima soddisfazione paragonabile a quella che si prova raggiungendo una meta dopo una lunga camminata, stremati e felici. È piacevole camminare in compagnia, conversando o cantando, o anche condividendo il silenzio; ed è bellissimo camminare da soli, seguendo il ritmo del proprio cuore, e mettendo ordine nei pensieri ad ogni passo, magari pregustando il momento in cui si potranno raccontare a qualcuno che li accoglierà.

Il viaggio in treno

Mi capita frequentemente di viaggiare in treno, e sempre in seconda classe: non mi rassegno alla vecchiaia, i giovani viaggiano in seconda! Nel corso degli anni osservo i cambiamenti: un tempo, trascorrevo ore scambiando sguardi o chiacchiere con chi sedeva di fronte a me, e mi capitava di ritrovare vecchie conoscenze o di farne di nuove. Se volevo stare tranquilla, mi barricavo dietro la copertina di un libro. Ora, le persone parlano meno: quasi tutti sono assorti nei loro *tablets*, leggono o scrivono mail, guardano film, ascoltano musica, a volte parlano sottovoce o sguaiatamente al telefono.

Quando mi sento *deprish* ho l'impressione che quasi nessuno parli più tra consimili se non attraverso la mediazione di un qualche materiale tecnologico. Per fare come me, che mi perdo nei pensieri e nei sogni guardando pigramente fuori dal finestrino, ascoltando lo sferragliare delle rotaie e i cigolii della carrozza, occorre, io credo, una grande fiducia in se stessi, facilmente ci si sente inoperativi e scollegati dal mondo: difatti, quando voglio far capire a chi ho di fronte che sono pur sempre una persona di un certo peso, del tipo "lei non sa chi sono io!", tiro fuori il cellulare e fingo di controllare gli importanti messaggi che mi sono arrivati, come se non potessi aspettare e aggiornarmi a casa. Ma il più delle volte non mi importa di apparire bislacca, e me ne sto in solitudine a godermi spettacolari tramonti.

Separarsi è facile?

Ma cos'è questa bruttura dell'amore romantico e zuccheroso, che il mondo sembra una casa di Hansel e Gretel, con tutti a smaniare per averne ancora, e sempre di più? A vent'anni è bene che si voglia amare ed essere amati in modo totale e totalizzante, essendo bambini che scoprono il mondo. Ma poi, tutto attorno, nel nostro mondo liquido, vedo persone colare fuori dalle proprie famiglie, pasticciare con sentimenti che somigliano molto a possedimenti e lasciano poco spazio alla fantasia, e buttar via mogli o mariti, e soprattutto figli (per non parlare di cani e gatti), per correre dietro a uno zuccherino nuovo, per un po' di latte, per un po' di quello che chiamano "amore".

Non li giudico, perché deve essere grande il loro dolore per cercare acqua creando altri deserti, ma mi dico che è una ben triste società la nostra, dove separarsi anche senza gravi motivi sembra una scelta come un'altra, da poter vivere senza conseguenze, mentre i figli crescono un po' qua e un po' là e il cuore si divide in pezzi. Per un po' di gioia, si crea tanto dolore, ma la tristezza sembra essere ciò che cerchiamo, invece di correre tra i campi, farsi accarezzare dal vento, gioire per la vita che abbiamo senza chiederne di più. Pensare agli altri prima che a noi stessi: a dirlo, pare follia! Abbiamo gettato via il dono dell'avere frutti proibiti: tutto è permesso, e siamo tutti un po' più tristi e soli.

Momenti su, momenti giù

A volte, mi sembra di essere ferma: tutti si muovono attorno a me, e io me ne sto immobile, invisibile, impassibile, senza apparenti emozioni o pensieri. Con il tempo, ho imparato a non temere questi momenti poco eclatanti, poco "*wow*", nei quali mi dimentico di me e di ciò che mi circonda. Le figlie mi raccontano qualcosa e mi ritrovo a domandar loro un ragguaglio partendo dall'ultima parte della frase; mi dimentico di accendere la luce quando si fa sera; me ne sto infagottata in un maglione che non riesce a tener via completamente il freddo. Non è che sia una gran vita, ma neppure tremenda, a patto di non cedere alla paura che sia la fine della gioia. In realtà, a periodi un po' *deprish*, come li chiama la figlia maggiore, seguono ondate di creatività, di idee e di rinnovata energia.

Così è la vita, bellezza: un'altalena tra momenti, una danza tra ricevere e abbandonare, un'armonia di opposti. Come il seme cresce nell'oscurità, così le cose migliori arrivano da momenti un po' così: "*nel dolore dell'oggi c'è la felicità di domani*" dicevano gli antichi, che di vette e abissi se ne intendevano. La cosa peggiore, mi pare, è cercare a tutti i costi di contrastare i momenti vuoti con un pieno eccessivo. Meglio aspettare, non *panicare* (nel senso di farsi prendere dal panico), non riempire a tutti i costi. Stare un momento tranquilli, accogliere quello che arriva, e poi andare oltre. Un piccolo consiglio: accarezzare cani ed erbe aiuta!

Un cane in casa

Avere un cane che zampetta sul parquet di casa, sentire le sue unghie e il suo respiro al mattino, allungare le gambe nel letto e avvertire un piccolo ringhio d'avvertimento, e rotolarsi sul tappeto strappandogli le calze che sta mangiando: questi sono attimi di felicità! Avere un cane in casa significa odore di selvatico sugli abiti, la possibilità non remota di trovare peli in mezzo alla minestra e cuscini mordicchiati; significa allegria e calore, e la garanzia di ricordarsi che apparteniamo al regno animale. Possedere un cane è una scelta impegnativa: passeggiate sotto la pioggia, rinunce a occasioni mondane se nessuno ha la possibilità di occuparsi del nostro amico, e pensare a lui quando si prepara la colazione e quando si va a fare la spesa.

Ma ne vale la pena, oh, se ne vale la pena: un cane è sempre felice di vederci, e gli basta poco per mostrare gioia ed entusiasmo, testimoniando che stare al mondo è un'impresa allegra, e anche entusiasmante. Un cane è triste insieme a noi, e allegro quando balliamo senza un perché. Passeggiare con un cane ci fa rendere conto di mille meraviglie: un sentiero inaspettato, una cavalletta nascosta nell'erba, un odore insolito e affascinante. I gatti, certo, sono più indipendenti e misteriosi, tutto un altro mondo. Ma i cani sono i migliori amici dell'uomo, da secoli stanno con noi senza chiedere molto, donandoci gratuitamente devozione, calore e simpatia. Un cane, un libro, un po' di calore: questa è la mia idea di casa!

Gioia, figlia della luce

Un indicatore della bontà di una relazione è quanta gioia essa ci procuri, o ci lasci intatta. Non che le relazioni tra le persone servano a creare sempre e soltanto felicità: per quello ci sono gli alberi, le erbe, gli animali e i libri. A volte le interazioni tra esseri umani sono faticose, complicate, sono…*uff!* Però, dovremmo pensare che il capitale più grande che possediamo è la nostra gioia interna, e fare in modo di frequentare persone che, se anche a volte lo mettono a dura prova, un po' lo incrementano; che se anche non ce ne regalano spesso, perlomeno non ce ne sottraggono indebitamente, senza il nostro consenso.

I vampiri di gioia sono quelle persone pesanti per le quali la vita è un'eterna lotta, e che pretendono di tirar dentro tutti in battaglie non proprie. Alla larga dai musoni perpetui, dagli eterni scontenti, da coloro che non accarezzano i gatti, che non si sporcano mai e che sanno sempre quale sia la cosa giusta da fare: inevitabilmente quella che voi non fareste, se dipendesse dalla vostra volontà! Via a gambe levate da chi ci fa sentire vecchio e stanco, che accede alla nostra parte peggiore, e disdegna il fanciullo interiore, quello che ride delle convenzioni e dei luoghi comuni. Quando inizio a dire frasi che iniziano con *"eh…"* (*eh, che tempi! eh, che modi! eh, che roba!...*) so che è tempo di prendere le distanze, prima di annegare nei luoghi della non-gioia!

Nonni e nipoti

I nonni...se non ci fossero, bisognerebbe inventarli (io li invento ogni giorno, non avendo potuto far da nonni i miei genitori, e dunque avendone solo la metà per le nostre figlie)! I figli costituiscono le nostre frecce scagliate verso l'eternità, e questo lo si capisce ancor meglio da nonni, quando il tragitto diviene ben visibile. I nonni ritrovano nei nipoti parti lontane della propria vita: il sorriso speciale che riservava loro la mamma, o il modo di camminare dello zio, un contadino del secolo scorso o un baffuto avvocato di quando gli avvocati erano persone che costruivano mondi. I nonni, io penso, debbono fare i nonni: non i genitori sostituti, né i parenti lontani.

Un nonno è una persona che ha il diritto di viziare il nipote, di fare cose speciali con lui, come portarlo a camminare nel bosco o insegnargli ad allevare le api. Che abbia tutto il tempo da trascorrere con i nipoti, e la maturità di lasciar da parte la propria vita per occuparsi del tenero presente. Spesso, non è così: nonni iperattivi in giro per il mondo, alle prese con terzi matrimoni e nuovi figli: dove sono le nonne di un tempo, con la crocchia di capelli bianchi e il grembiule nero? Come crescerebbero sicuri e forti, i nostri figli, potendo contare su basi solide che paiono essersi sgretolate nella frenesia del mondo. Eppure, qualche roccia sicura ancora si trova, e pure nonni più in salute di quelli del secolo scorso. La danza tra vicinanza e distacco che imparano a danzare i genitori è ancor più complessa e articolata per i nonni, e soluzioni creative si declinano in mille sfumature e modi.

La composizione della famiglia

La piccola ha fatto un disegno, asserendo che la famiglia perfetta è composta da: papà, mamma, figlia femmina e figlio maschio. Le ho risposto che anche Lilo e Stitch sono un bell'esempio di famiglia, e che esistono molti tipi di nuclei familiari. La nostra è a prevalenza femminile: quattro donne in casa, e un uomo molto coccolato e intrappolato tra bambole e vestiti rosa, casette e servizi da tè quando le figlie erano piccole; mentre lui avrebbe desiderato astronavi spaziali e magliette con gli eroi dei fumetti. Adesso che le ragazzine sono cresciute, le cose si fanno più difficili per lui: provate a mettere un maschio tra quattro donne che si raccontano i segreti, si passano i cosmetici e si scambiano le borsette...Ecco una conversazione-tipo: *"Se Giulia ti ha detto così in presenza di Marina, è per farlo sapere a Rosa"*, e il papà: *"Ma non faceva prima a dirlo a Rosa direttamente?"*, ed ecco otto occhi puntati su di lui interrogativamente (*ah, gli uomini: quando mai capiranno le sfumature?*). Oppure: *"Proprio carino il tuo compagno...No, a me piace di più quell'altro..."* eccetera, con il padre innervosito nel constatare che non è l'unico uomo sulla terra, anche se resta, naturalmente, il più amato.

A volte mi chiedo come sia la vita per le madri di figli maschi, come se la passino tra partite di calcio, devozione assoluta e reciproca, e una complicità differente. Mi accorgo che cerco conversazioni maschili fuori dalla famiglia, quasi a equilibrare l'atmosfera da harem che regna da noi, ma sono ben felice delle mie piccole donne, e fiera di loro (anche quando sparisce la mia giacca preferita o mi ritrovo il rossetto sbreccato!).

Certe cose non cambiano mai

Tutto muta velocissimamente nel nostro mondo ipertecnologico: a volte mi chiedo quale sarà il futuro, quando constato che le novità di un anno fa sono ormai oggetti obsoleti, e che nuovi modi di comunicare e di vivere fanno capolino e subito appaiono imprescindibili a molti (il biglietto del treno via smartphone, per dirne una). Le mie ragazze parlano con gli amici in modi a me spesso oscuri, e si contattano attraverso sentieri che non ho percorso: Facebook ormai è preistoria per loro, e incontrano amici via instagram e whatsApp. Vie che non ho voglia di percorrere, e di cui intravedo rischi (sono generatori d'ansia impressionanti: si sa quando l'altra persona si collega, e ci si chiede perché non abbia risposto...) e potenzialità (le ragazze vengono a conoscere delle informazioni più velocemente di me, e si destreggiano bene per fare in modo di trovarsi materialmente con gli amici, mentre io mi perdo e aspetto).

Ne abbiamo fatta di strada, loro ed io, da quando non avevamo neppure un televisore e vivevamo totalmente scollegate dalla rete! Stiamo meglio o peggio? Dipende dai punti di vista, ma credo che diversamente avremmo potuto solo fare una scelta molto estrema, di eremitaggio dal mondo: sarebbe stata un'imposizione, per quanto l'idea a volte mi alletti. Ma, ancora e sempre, vecchi temi e reazioni da antewireless affiorano in noi: la tecnologia avanza molto più velocemente delle reazioni umane, e sono le relazioni che mandano avanti il mondo.

L'età anagrafica e quella reale

Sarà capitato anche a voi di guardare delle fotografie del passato e di provare tenerezza per voi stessi. Mi sono venute tra le mani foto dell'era pre-digitale, quando ancora si usava stampare fotografie, e mi sono sorpresa di come apparissi una ragazzina: eppure, avevo trent'anni suonati, una figlia, e mi sentivo molto avanti con gli anni. Ripensandoci, mi sono sempre sentita vecchia, o se vogliamo metterla in senso buono, saggia e matura: fin dalle elementari mi trovavo a pensare che tutti attorno a me fossero dei bambini, in fondo un po' troppo innocenti e irresponsabili: l'età è uno stato mentale, e vedo ultracinquantenni che si sentono ancora praticamente adolescenti.

Questo è a volte bellissimo: scorgere il bambino interiore ben vivo e scalciante (*alive and kicking*) dentro la corazza coriacea di una persona in là con gli anni. Ma in alcuni casi la mancanza di corrispondenza tra l'età anagrafica e quella mentale fa rabbrividire, producendo degli stani esseri che si aggirano nel mondo come in un parco giochi, con le stesse modalità di reazione di un decenne: brama di possesso, scarso altruismo, e un'immagine grandiosa di sé. Invece, alcuni bambini mostrano un'anima antica mentre accarezzano un gatto o se ne escono con certe affermazioni che ci lasciano a bocca aperta per la sorpresa, e ci insegnano il cammino.

Gli adolescenti

Com'era facile fare i genitori, quando i figli erano degli amabili batuffoli rotondetti e profumati che trotterellavano per casa contenti con una mucca di legno o con una capanna sotto il tavolo della cucina! Poi sono cresciuti, e dividere la casa con loro diventa faticoso: musica fastidiosa, disordine, musi lunghi e giochi elettronici...Il più del tempo se ne stanno sdraiati con la loro appendice elettronica, il telefonino, attaccata alla corrente e ai pensieri, e ci guardano vagamente infastiditi quando proponiamo una delle attività che un tempo amavano fare insieme a noi: una passeggiata nel bosco diventa un premio per il genitore, non più un motivo di gioia da cogliere al volo. Ma poi si divertono e ci sorprendono con i loro ragionamenti, quando riusciamo a coinvolgerli e a rispettare i loro spazi, quando sappiamo vederli come persone e non come nostre (faticose) appendici.

Del resto, si trovano in una situazione particolare: sono cresciuti tra gli agi, hanno tutto materialmente, ma sono la prima generazione, da tempo, il cui capitale di benessere si trova più nel passato che nel futuro. Davanti a sé: paura, scenari lavorativi, economici, naturali e politici inquietanti. Mi consolo: ogni generazione ha pensato tutto il male possibile dei giovani destinati a sostituirla, eppure buone persone e ottime cose per l'umanità sono uscite da ogni periodo storico, e anche da questi spilungoni mai contenti e iperconnessi mi aspetto scintille di luce che già, a guardar bene, sono ben chiare e splendono nel buio!

Il volto dell'altro

Mi accade sempre più spesso di riconoscermi nel volto di un'altra persona. Un po' sarà che sono sempre stata poco fisiognomica, e mi capita di salutare allegramente persone che mi guardano senza riconoscermi o di chiedermi chi mai sia quella persona che mi saluta così gentilmente: succede a tutti, chi più chi meno: ho smesso di farmene un cruccio, e mi sono data la spiegazione che in fondo siamo tutti fratelli, dunque un saluto a uno sconosciuto non è certamente un fatto disdicevole.

Ma quello che mi succede è più profondo: vedo una fotografia, o una persona riflessa in un vetro, e per un attimo ho la sensazione che la sua faccia sia la mia: mi accorgo subito che non sono io, perché il volto magari è di un'altra etnia, o di un'altra età, eppure mi ci ritrovo, la sento sorella (mi capita con i volti femminili) e con un destino simile al mio. Non mi sembra una brutta cosa, perché invecchiando mi pare di attribuire meno importanza alla mia singola storia, ai miei fatti personali, ai piccoli accidenti quotidiani, per legare tutto in un destino più vasto. Ciò che è di un'altra persona, mi riguarda. La sua vita non è meno interessante, o meno di valore, della mia. Noi siamo il riflesso che vediamo negli occhi dell'altro, diceva il filosofo Emmanuel Lévinas. Ma noi siamo anche quello stesso sguardo.

La generazione successiva

Ho alzato gli occhi dal libro che stavo leggendo e mi sono ritrovata attorniata da grandi persone che popolavano la casa. Gambe lunghe, zaini attorno, l'aria che si è fatta piena di un'energia spigolosa…ecco gli amici della figlia maggiore che si radunavano per guardare un film: la mia presenza sul divano era gentilmente non richiesta. Mi piacciono gli amici delle ragazze, anche perché con loro mi posso rilassare: non devo essere brillante a tutti i costi, anzi meno parlo e meglio è. Non è necessario che mi dia da fare con lo stile: sono per loro, com'è giusto che sia, totalmente invisibile, a patto di non esagerare con le eccentricità (ho precise istruzioni sulle cose da non fare da parte delle figlie, che conoscono le possibili insidie dei genitori!)…sconsigliati tacchi e scollature, ottimi i miei adorati morbidi maglioni infeltriti. Sarebbe apprezzata una torta ogni tanto, ma appartengo a quel genere di mamme che tra leggere un libro e sfornare una torta non hanno mai dubbi su come utilizzare il tempo, prendendosi carico dei propri limiti.

Poi, sorprendentemente, a volte se ne escono con la richiesta di un po' di conversazione, e sono grandi momenti da cogliere al volo, in cui buttare alle ortiche ogni altro impegno. Sono i momenti in cui sento nascere in me la fiducia nel futuro, e la possibilità di cedere il passo, di non essere più dalla parte di chi andrà avanti con forza e con fatica: di potermi rilassare, insomma, e di fare la vecchia signora che si gode la vita e che dispensa perle di saggezza a chi sta al fronte. Quando vedo attorno questi giovani luminosi e belli, penso che qualcosa di buono nella vita lo devo pur aver fatto, per ricevere questi doni inaspettati e portatori di speranza e di pace.

Il mio paese

Il mio paese si trova sotto una montagna, l'ultima della catena montuosa: davanti, la pianura. Un tempo, il mare. Mi piace salire sulla montagna e guardare la distesa infinta: un tempo campi e prati; ora costruzioni e strade. Un tempo povertà e migrazione, ora frontalieri e giapponesi diretti ai centri commerciali. Le polveri sottili coprono tutto: pensieri, parole, costruzioni. Siamo tutti un po' malaticci, pallidi, ci muoviamo lenti nel traffico, con la paura di dire la cosa sbagliata, di uscire dal ciclo produttivo. Facciamo a gara a chi ha un'auto più grande, così da poter guardare dall'alto i tapini che ci passano accanto, e per un momento sentirci sicuri.

I miei nonni tenevano una panchina in giardino: appena il tempo lo permetteva, le sere arrivavano i vicini di casa, oppure erano i nonni a passeggiare e ad andare a trovare amici che abitavano in un altro quartiere, sedendosi su una panchina simile, o su delle seggioline di stoffa, anni prima che il design rovinasse la vita alle persone comuni. Nessuno partiva in vacanza, tranne qualche originale con smanie di grandezza, e le sere estive trascorrevano tra le chiacchiere, le gazzose con l'apertura a macchinetta, il profumo dei tigli, le rondini che volteggiavano in cielo. Io, bambina, giocavo con la ghiaia e i gatti, e la vita mi pareva bellissima.

Pensare a sé

Andavamo, la piccola e io, verso il compleanno di un'altra decenne, su una stradicciola di sassi, quando lei se n'è uscita dicendomi: "Mamma, tu ti preoccupi sempre per gli altri, vuoi che tutti siano sempre contenti, come me...ma non è giusto, devi pensare a te prima di tutto!" Accipicchia, piccolina, se pensassi a me adesso non sarei qui con te, ma in qualche luogo silenzioso e appartato, oppure con qualcuno di adulto, a fare discorsi da grandi. Ma, in realtà, quante cose mi sarei persa, quanti momenti come questi, in cui ridere con il cuore!

Come molte mamme, quando mi chiedono "come stai?" rispondo dando informazioni sullo stato di benessere di figli, familiari, amici...mai parlando di me. Come sto, io? Mah...che buffa domanda! Io sto bene quando tutti attorno sono sazi e appagati; quando le piante sono innaffiate, la casa pulita e ordinata, i panni stesi al sole. Sto bene quando posso leggere in pace sapendo che tutto il resto è stato fatto, e che nessuno ha bisogno di qualcosa. Se poi mi chiamano, o se si intromette il pensiero che potrebbero avere bisogno di qualcosa, addio lettura! Virginia Woolf me l'ha insegnato, che quando una donna diventa moglie e madre, una parte di lei muore: la vita si nutre di vita. Ma donare il proprio tempo a figli, mariti, amici, è un modo dolce di accogliere la vita, di saggiarne il succo: i frutti non colti, avvizziscono e muoiono.

Le sirene di Ulisse

Vari pericoli affliggono la vita di coppia: fatica del vivere, aspettative...ci sono poi gli innamoramenti per altre persone, che chi dice di non provare mente o è morto dentro. Molte coppie si dividono: partono verso altre relazioni, e dopo qualche anno si ritrovano a inscenare lo stesso copione delusione-innamoramento-rottura. Per chi, come me, ha un temperamento poetico, il rischio è particolarmente elevato, anche se l'abitudine ad andare a sbattere contro i pali quando passa un bel ragazzo, o a sognare su un incontro all'autogrill, stonandosi della nostalgia canaglia di Guccini *"la ragazza dietro il banco mescolava birra chiara e seven up..."*, immunizza, alla lunga, dal confondere realtà e fantasie.

Per questo, l'altro giorno, testimone di un'ennesima devastazione in nome dell'amore romantico, ho chiesto al Marito che se mi dovesse accadere di perdere la testa per un venticinquenne (ipotesi di una certa plausibilità negli squilibri ormonali e psicologici che precedono la menopausa) per favore di fare come i marinai di Ulisse, che l'hanno legato all'albero maestro della nave per non cedere al canto tentatore delle sirene. Giustamente, ha risposto che sarebbe l'ultima persona nella condizione di farlo (sospirando, perché dopo oltre vent'anni di vita comune mi conosce, e sa che dietro ogni mio scherzo ci sono drammi possibili in agguato). Giusto, perché l'unico modo per amare una persona è lasciarla libera. E un modo per amarsi, a volte, è incatenarsi da sé medesimi, per proseguire il proprio viaggio e non perire tra sirene e flutti.

Le parole creano mondi

È molto swag. È hipster. Stai shiva. Vai trà. Ma ripigliati!...Sono tutte espressioni che vi suoneranno familiari se frequentate degli adolescenti, e che se non riconoscete anche se siete giovani...significa che non siete più tanto giovani quanto pensate! Il linguaggio evolve e muta in continuazione, gli *spinelli* diventano *canne*, ciò che era *cool* negli anni ottanta adesso è *out*; se una ragazza era chiamata *truzza* negli anni novanta si offendeva, adesso è un complimento, i paninari sono scomparsi anche se sono tornati nelle strade le camicie a quadri, le giacche di piuma e le scarpe che li caratterizzavano. E, in qualche bosco dove i neopagani celebrano i culti legati alle stagioni, o sotto un ponte dove nasce un nuovo graffito, si stanno formando nuove parole, che magari tra una decina d'anni verranno utilizzate in un ufficio qualsiasi, o cantate in una canzone. Nuove parole che descrivono nuovi modi di leggere la vita, e che cercano di definire l'inafferrabile.

Del resto, in ogni amore, in ogni famiglia, in oggi amicizia, esistono lessici particolari, vocaboli conosciuti soltanto dagli appartenenti a quella cerchia, e inaccessibili ai più. Le parole sono affascinanti, conoscere da dove vengono, come sono nate, fa scoprire mondi. Una volta che una cosa è nominata, esiste. Ognuno di noi possiede parole che può dire soltanto a determinate persone, sicuro di essere capito. Parlo di *decrescita* solo con alcuni amici, e della *stirpe del drago* solo con altri. E solo Marito e figlie possono capire certe espressioni del lessico familiare come *wondermike*, *zinni* e *perilmiki*!

Le prefiche

Mendrisio è una città-ortensia: dà il meglio di sé in certe giornate un po' pigre, quando in giro non c'è troppa gente. Quelle giornate in cui si aggirano le signore con gli *scousaa*, quell'abito di sintetico dalla fantasia floreale su toni scuri che indossano anche le vedove siciliane, quelle donne vecchie già a quarant'anni, e anziane sotto la pelle, quelle che mi domando come fossero da giovani: quali inquietudini, quali amori segreti, se ne avessero, se siano stati questi a farle precocemente e inesorabilmente invecchiare.

Queste anziane dai volti scolpiti, che da qualche parte hanno un comò pieno di foto dei loro morti, sono un patrimonio in via di estinzione, un bene di saggezza e di ricordo, una ricchezza che passa inosservata, presa in considerazione soltanto dai medici che le hanno in cura, conoscendone i malanni senza però conoscerne i segreti. Ad ogni generazione che scompare, se ne sostituisce un'altra: queste donne, che da piccola confondevo con le prefiche, le figure piangenti attorno alle bare, continuano a esistere, ignare o disinteressate ai metodi di ringiovanimento, alla moda, a internet, allo spirito del tempo. Sono loro che portano i valori della nostra tradizione, che vanno a trovare i grandi vecchi e ne ascoltano i racconti sui letti delle case per anziani; loro ad organizzare i funerali, e a piangere per i divorzi, i licenziamenti, i ragazzi che smarriscono la strada. Temo, odio e amo queste donne come si odiano e amano le persone molto vicine, e mi inchino al loro valore.

Seguendo l'elfo interiore

Le sirene d'Ulisse (per gli uomini) o i tritoni (per noi donzelle) sono quelle persone che ci passano davanti e per un istante ci fanno sognare una vita differente, "altra" rispetto alla nostra: una vita in cui siamo eternamente in forma, giovani e brillanti, e dove tutto è nuovo e bello: la vita sul piano del sogno, che batte qualsiasi realtà, anche la migliore che si riesca ad immaginare...ma qualsiasi sogno è più fresco, e soprattutto meno faticoso della realtà! Ma le vere sirene sono i pensieri comuni, la banalità, la noia del quotidiano. In ognuno di noi esiste un essere fatato, un "demone" (daimon per gli antichi), uno spiritello che ci chiede soltanto di liberarci dai luoghi comuni per condurci laddove è il nostro sentiero.

Quando siamo in sintonia con il nostro demone interiore, o il nostro angelo secondo altre tradizioni (a me piace immaginarlo come un elfo), come per incanto troviamo persone che ci parlano, libri che ci affascinano, lavori che ci appagano...tutto acquista un senso: il nostro senso, una vita che scriviamo noi stessi, che ci appartiene, che è la nostra, per il breve tempo del nostro passaggio sulla terra: quanto è breve! Ci pensavo stamane guardando la luce che già cala al mattino quando suona la sveglia...presto sarà Natale, e poi di nuovo primavera...e un altro anno delle nostre vite se ne sarà andato... Viviamolo al meglio, trovando il modo di ascoltare il nostro elfo interiore, e seguendo i suoi consigli. La creatività è un ottimo modo per farlo: oggi ho impastato la pasta, ed è lievitata a dismisura...un mucchietto di farina, e ora una grande sfera tiepida in attesa di diventare una pizza per cinque!

Gioie di mamma

Ero in giro per compere con la figlia maggiore, anche se ormai passa più tempo con le amiche che con me, ma le rare volte che capita è sempre una bella cosa: ridiamo e ci raccontiamo cose vicine e lontane delle nostre vite, e le ho detto: "*Vero che io ti rompo molte volte, e tu sei quasi sempre una fonte di problemi e preoccupazioni per me, però bisogna riconoscere che ci divertiamo insieme, o perlomeno tu mi sei simpatica*"...ha dovuto riconoscere che anche io le sono *abbastanza* simpatica, anche se rompo, e scasso, e faccio quasi tutto troppo e troppo sbagliato: questi sono bei momenti per una mamma!

Insomma, questi figli sono davvero una fonte inesauribile di stress, e uno stillicidio emozionale, economico, temporale...però non dimentichiamo che sono anche una gioia, e una bella compagnia! Sono cresciuti in fretta, come in fretta noi stiamo invecchiando, e il nostro passaggio sulla terra ha momenti luminosi e altri più oscuri. Immagino sia come per chi ha un amante: il batticuore credo sia lo stesso quando vedo una delle mie figlie da lontano per caso, ad esempio quando mi reco in biblioteca e ce n'è una delle tre che scende per le scale del liceo con le sue compagne, o se succede che giro attorno con il cane e ne scorgo una che esce da scuola. O la trepidazione con la quale aspetto, come ogni mamma, la risposta a un messaggino, e la felicità con la quale ne arriva uno inaspettato e affettuoso. Grandi momenti di gioie da non sottovalutare, e da ricordare quando i giochi si fanno duri!

Amami, dai!

Le relazioni tra le persone sono complesse, perché dentro di noi vivono folle. Una parte di me si domanda perché una tal persona non sia più amichevole. Un'altra, quella tendenzialmente un po' pigra, si sente sollevata perché questa indifferenza mi permette di non entrare in una relazione più stretta, che costa energia, tempo e attenzione. Un'altra si strugge perché desidera riconoscimento, attenzione, gratificazioni…e si sente frustrata perché non le riceve. Ma c'è pure una parte spirituale, che manda buoni pensieri senza pretendere nulla in cambio, desiderando soltanto il bene delle persone con le quali entra in contatto.

Questa è la parte che più si tende a trascurare nelle relazioni familiari, con figli, genitori e mariti e mogli…tutte quelle persone che diamo per scontate, acquisite, e che pensiamo, sbagliando, di conoscere a menadito, tanto da poterne prevedere pensieri e intenzioni. Guardarle periodicamente con la medesima attenzione che riserviamo agli estranei è una pratica benefica, e consente di scorgere l'evoluzione di chi condivide il nostro universo. L'amore è tale quando nulla chiede, se non il bene dell'altra persona. Spesso, invece, diciamo di amare i nostri familiari, ma in realtà abbiamo bisogno di loro per la sicurezza, la gratificazione, l'equilibrio della nostra vita: teneramente, li utilizziamo invece di amarli gratuitamente. Con le mie figlie, scambio sms amorosi, e sono senza difese quando sgrido la maggiore e lei mi dice "mamma, amami dai"!…non pretendo nulla, e non chiedo: apro gli occhi, in piena meraviglia: e la amo!

Lo sguardo del cervo

Il bosco offre rifugio in ogni momento, e l'autunno è forse la stagione più bella con le sue brume e i suoi colori. Anche se inverno, primavera ed estate hanno altre tonalità, altri richiami fascinosi e altri profumi. Ho incontrato un cervo una sera, ero sola, e per un istante mi ha guardata, prima di scomparire dietro gli alberi. Gli incontri di questo tipo, con volpi, scoiattoli, martore e furetti mi rendono ogni volta chiara la questione territoriale: noi umani, enfatizzando la nostra importanza, pensiamo di essere i soli a calpestare la terra, mentre siamo sì i suoi maggiori devastatori, ma non certo i più scaltri, con tutte le nostre sapienze, né certamente gli unici. Altre forme di vita, oltre a quella umana, trovano modalità di adattamento e di resistenza, e ci osservano, ci aggirano, se ne infischiano a volte di noi e delle nostre novità tecnologiche, anche se avrebbero invece ragioni per temerle, se ne fossero informati (ma gli animali, al contrario di noi, non si informano: vivono e basta, senza leggere i giornali!). Le api ronzano, e il loro ronzare è disturbato dalle onde della telefonia mobile, dalle nostre a volte assurde questioni quotidiane, dal nostro "bisogno" di reperibilità costante. Alcuni uccelli nidificano nei pochi campi rimasti sulla pianura, e le tosaerba elettriche falciano il loro futuro (un discorso da affrontare: dovremmo iniziare a recuperare le ranze come hanno ripreso a fare già altrove nel mondo).

Il cervo mi ha guardata con un'intensità maggiore di tanti contatti oculari umani, come se volesse lanciarmi un messaggio, e io ho guardato lui con altrettanta intensità e desiderio. Desiderio di comunicazione, di una vita migliore, di un destino diverso. Poi, ognuno di noi se n'è andato per la propria strada: io pensando come pensano gli umani, lui non lo so, se con la mia immagine impressa nella retina o con che altro. Sconosciuti e preziosi come lo sono i fratelli, gli amati, i figli.

Il profumo

Sapete che c'è un dato sensoriale che non passa attraverso i soliti canali cerebrali, ma prende vie diverse? È l'olfatto: i profumi e gli odori ci colgono così di sorpresa, prendono vie differenti da quelle di vista, tatto, udito e gusto. Arrivano al nostro cervello, e ci fanno riaffiorare ricordi, suscitano emozioni, attivano pensieri e reazioni. Provate ad annusare la buccia di un mandarino, o a inzuppare una *madeleine* nel tè...magari ne esce un libro come "*La ricerca del tempo perduto*" di Proust, o forse riandrete semplicemente alla vostra infanzia, o a un ricordo particolare.

Io uso un profumo da anni per l'inverno: d'estate non lo sopporto, ma quando fa freddo *Shalimar* di Guerlain mi avvolge e mi tiene caldo. Ci sono giorni in cui mi piace *Chanel nr.5* e molti altri in cui sopporto a malapena il profumo della saponetta con il pH 5: più basic è, meglio mi sento! Un'amica mi ha detto che questi profumi sono *démodé*, e sicuramente ha ragione, ma del resto anche io sono un po' *fanée*, come le rose a fine stagione, che poi è il loro momento migliore, e mi sento *fanée* da anni, e non è affatto una brutta sensazione, direi anzi di pienezza e sicurezza in me stessa. Recentemente una persona mi ha detto che non avrei dovuto avere aspettative eccessive, e io ho risposto che non ho aspettative, solo emozioni, che va bene così e che soprattutto vado bene così: mi sono accorta che prendo le cose come vengono, con un senso di meraviglia, senza esserne distrutta, e senza volerle cambiare più di tanto, con accettazione e il senso profondo del mio valore e di quello di coloro con cui entro in contatto. Come diceva un vecchio libro di Eric Berne: "*io sono ok, tu sei ok"*. E io amo i profumi, quelli delle persone che amo e quelli della terra, dell'acqua, delle spezie e del fuoco.

Può bastare: fermiamoci un momento

Sarà capitato anche voi esseri d'azione di dire: "ora basta!", e di fermarvi...derivandone un bel senso di pienezza che lascia lo spazio a un po' di benefico vuoto. Un esempio: quando si spiega qualcosa a qualcuno, e ad un certo punto ci si accorge che, appunto, *"può bastare"*, che possiamo mettere un punto e lasciare spazio all'altro, o semplicemente andarcene e lasciare un poco di vuoto a incorniciare le nostre parole. Lasciar pensare i figli invece di dar loro tutte le soluzioni, o lasciare che anche l'amica ci racconti un po' dei suoi "paté d'animo" (come li chiamo io!) invece di sommergerla con i nostri (i patemi d'animo hanno la caratteristica di essere invasivi). Oppure: fermarsi in un'attività fisica prima di essere devastati per giorni (ahi, non sapevo di avere muscoli che possono dolere anche in luoghi del corpo tanto inutilizzati!). Posare il bicchiere di vino prima che il fegato ce lo chieda per favore (per non parlare del whiskey, benefico solo in piccole dosi). Lasciare un angolo di casa da pulire la prossima volta, un paio di finestre non proprio brillanti o un armadio da riordinare in un'altra occasione. Fermare il pennello del blush di rosa per le guance prima dell'effetto "bambola di porcellana" o la mano prima che infili un secondo anello in pieno stile Maria Maddalena.

Staccare la penna (si, vabbè, spegnere il computer o lo smartphone...chi scrive ancora lettere a mano?) prima di un'ennesima parola che rovinerà l'insieme, aggiungendo materia e togliendo mistero. Andarsene da una conferenza prima delle domande del pubblico (intendo il pubblico che va alle conferenze per fare il conferenziere, con lunghi esposti che non necessariamente ci interesseranno...anche se a volte le domande sono la parte più interessante della serata), o da una festa dove non è essenziale rimanere. Ciò detto, in genere io sono la prima ad arrivare e l'ultima ad andare via, e in generale mi indispongono le persone che programmano tre appuntamenti la stessa sera e controllano incessantemente i propri cellulari. Una volta sola...può bastare!

Le piccole soddisfazioni

La vita è troppo dura per non cercare di addolcirla con delle piccole soddisfazioni: *marron glacées* e piccoli dolcetti accompagnati da fumanti tazze di cappuccino con panna ne fanno ovviamente ed egregiamente parte, e pure accarezzare materiali morbidi o provare piacere pensando di farlo, ma parliamo anche di altre piccole soddisfazioni. Tipo: non darla vinta ai designer! Mi spiego: io vengo pervasa da una piccola-grande gioia a seguito di tutti i gesti di resistenza civile ai diktat del consumismo, e arrivo a valutare come "buona" una cosa solo se non ha un costo: non per taccagneria, bensì per resistenza alle imposizioni del mercato. Quindi, mi piace inventare cose che non esistono, o dar loro funzioni più nobili di quelle per le quali erano state pensate: non arrendermi ad acquistare un divano, bensì utilizzare dei materassi, dei cuscinoni, delle stoffe colorate a mò di divano. Una sedia trovata all'ecocentro come comodino, in memoria di un conoscente che odiava i comodini, considerandoli il simbolo della vita borghese, lui ritenendosi uno spirito ribelle. Una cassetta della frutta dipinta di bianco come poggiapiedi. Un vecchio bicchiere di cristallo come vaso da fiori. Una tazzina da caffè antica come portagioielli. Insomma, avete presente il genere...e ogni volta che in casa d'altri scorgo qualche trasformismo creativo esulto, e ammiro come le persone riescano a crearsi i propri oggetti senza ricorrere necessariamente agli standard imposti.

E una verità verissima, o meglio un consiglio utile è: gettare via inesorabilmente quello che non ci sembra bello, fosse pure una poltrona di gran pregio, e se possibile sostituirla con...nulla: in terra si sta benissimo, con un tappeto morbido e qualche cuscino. Oppure, trasformare i locali cambiando i mobili: utilizzare il vecchio tavolo da cucina come scrivania, e la scrivania come capanna per la camera dei bambini...anche se dopo un po' non soddisfa più, non resta che dare una nuova vita all'oggetto, oppure liberarlo perché altri ne possano trarre piacere...sentendosi protagonisti del proprio spazio, e non passivi abitatori del mondo!

Reclamare l'attenzione, e ottenerla

A metà mattina, il Marito e io beviamo il caffè: se arrivo prima io, preparo la moka da centro sociale, lui è per le capsule lussuose (troppo "*manegg*" per una tazzina, dico sempre io, che non sono una grande fan di George Clooney). In ogni caso, lui racconta dei suoi progetti, pensieri e programmi per la giornata (come il libro di C.G. Jung: "*Sogni, progetti e riflessioni*"!), e sorbisce il liquido dall'alto impatto ecologico. Poi, si alza e se ne va. Quando io avrei una gran voglia di iniziare a raccontare le cose che interessano a me: il destino del protagonista del romanzo che sto leggendo, i colori che desidero indossare (senape e viola, attualmente, oppure arancione, in un'estensione dei colori naturali e alla ricerca di calore), una farfalla che ho osservato volare... ma lui è già in partenza, inevitabilmente quando ancora il mio caffè fuma nella tazzina. Così, mi ritrovo in cucina, da sola, a pensare (dopo averglielo urlato dietro): "nessuno ha mai tempo per me!", sentendomi un'orfanella abbandonata...

Ragazze, diciamolo, e smettiamola di farci andare tutto bene, e di essere accomodanti e carine: tutti parlano, parlano...ci sommergono con i loro problemi e le loro esigenze, e ci impongono di ascoltare e di tacere. Senza un atto di ribellione, niente cambierà mai, rassegnatevi: occorre tirare fuori l'artiglieria pesante, il che vuol dire: interessarsi al mondo, avere idee e argomenti (anche una bella scollatura è un argomento, però dopo un po' non basta!), pretendere quell'attenzione che ogni bambina mendica al proprio padre, ma che in un mondo giusto dovrebbe ricevere in abbondanza, senza limiti, gratis! Per parlare di farfalle e colori, ci sono le amiche, sugli uomini non fate troppo affidamento...E, soprattutto, diamoci attenzione e importanza tra di noi, e cerchiamo di sostenere quelle donne che riescono a darsi un'importanza che agli uomini esce con naturalezza e *charme*!

Lo sguardo dei bambini

È possibile sorridere anche della morte? No, a meno di un sorrisetto stiracchiato e che si gela subito sul viso: eppure, i bambini riescono a strapparcelo. Si parlava di una persona anziana che stava morendo, e raccontavo che aveva già ricevuto l'estrema unzione. Mia figlia era ancora in quell'età della vita in cui le immagini prendono forma, così ha spalancato gli occhioni blu e ha esclamato: "cosa...gli hanno fatto il bagno nell'olio, come alle patatine?". I piccoli se ne escono a volte con queste immagini che stravolgono i nostri luoghi comuni e scuotono le nostre certezze: ogni famiglia ha la propria raccolta di frasi celebri che hanno per sempre cambiato il modo di guardare la realtà di tutti i componenti, per anni o addirittura per generazioni. Signore che vengono paragonate a balene, gatti a tigri, tigri ad altre persone,...In quel frangente, la tristezza per la perdita di una persona conosciuta e stimata è stata attenuata un attimo da questa immagine buffa, che senza togliere dignità al momento, l'ha colorato di una prospettiva inedita. In fondo, cosa ne sappiamo noi della morte, con tutte le nostre conoscenze?

Questo è il miracolo della vita che si rinnova, che a ogni generazione consente di guardare con occhi spalancati, occhi innocenti di fanciullo, realtà acquisite, tranquillizzanti ma anche polverose. Un bambino se ne esce con un'osservazione, e niente appare più com'era prima, anche un momento triste come la fine di una vita terrena si illumina per un istante con l'immagine ilare di una patatina che viene fritta. E, in fondo, siamo tutti a volte un po' spicchi di patate, lì a sobbollire nel nostro olio, a soffriggere di rabbia, di speranza o di delusione, molto prima che per l'estrema unzione. Ora la piccola è cresciuta, ma ancora sorridiamo delle sue uscite, e ancora ci mostra una via mai percorsa.

La vecchina

Oggi ho visto mia figlia vecchina, nella curva della schiena di un'anziana signora che camminava sul marciapiede, sorridente in un cappottino color tramonto, le calze spesse e grigie e l'aria di star bene da sola dopo una vita che non so, soddisfatta di poter ancora girare per le vie, ma molto ingobbita dalle lotte con gli anni. E molto sola. Ho visto per un istante mia figlia, ora sedicenne alta e fiera, un nugolo di capelli rasta alti sulla testa come un pennacchio verso l'avvenire, in quella vecchina, e mi sono chiesta che ne sarà di lei quando non ci sarò più io a strapparle un sorriso tra le difficoltà della vita; e a farmene strappare da lei, quando sono io che mi ritrovo con l'anima acciaccata.

Quando tutti coloro che avrà amato se ne saranno andati, persone che ancora non conosce, il suo quaderno ancora pieno di pagine bianche, in un modo o nell'altro, e si ritroverà a fare i conti con se stessa, con quello che avrà realizzato della sua vita, con il bilancio tra dare e avere, e il cuore strapazzato tra il battere e il levare: percentuali di gioia vissuta e di inevitabili sconfitte. Gli anziani sono trasparenti a volte, ci passano accanto ma ci è difficile vederli per quello che sono: persone, che come noi amano e soffrono. Persone che presto saremo noi: a vent'anni, le persone di quaranta mi parevano già in un limbo di decrepitezza, lontane anni luce dall'onda della vita. Ora che ho superato quella soglia, mi rendo conto di quanta energia ci sia in orizzonti che credevo desertificati. Del resto, per la sedicenne, un trentenne è già in un'altra contea (*eh... ma è vecchio!*). Dovremmo trovare nuovi modi di guardare alla vecchiaia, dato che la nostra società sarà sempre più popolata da queste presenze, per i più stereotipate o misteriose. Reinventarla, farci la pace, allontanare la paura e la solitudine. Lo spero per mia figlia, il piccolo esserino elfico a volte quasi adulto, quando sarà vecchina.

La felicità del corpo

Creme, ginnastica, diete... pare che il nostro corpo non vada mai bene, eppure in nessuna epoca è stato così ben nutrito e mantenuto. Eppure, ci fanno sentire sempre scontenti: saranno tutte quelle pubblicità con corpi innaturali, perfezionati dalle tecniche fotografiche, misti ai consigli salutistici... Facciamocene una ragione: non avremo mai la pelle perfetta, i muscoli tonici nella loro totalità, i capelli splendenti e il sorriso smagliante: semplicemente perché siamo veri, non immaginette! E basta con queste modelle ventenni per le creme anti età: sono ridicole, e ridicole noi a credere che usando un certo prodotto riavremo la spensieratezza e la pelle compatta di quando sapevamo a malapena dove fosse la Siria, se mai ce lo fossimo chieste tra le mille domande più pressanti dell'epoca.

Il corpo è un tempio, e come tale va trattato: sono una convinta sostenitrice delle pratiche benefiche che riguardano acqua, saponi profumati, oli benefici, sontuose creme. Prima della pulizia, è altrettanto piacevole lo sporcarsi, il mescolarsi al mondo, l'avere parcelle di polvere e terra sulla pelle e sotto le unghie. Dunque, cerchiamo di trovare felicità e piacere nel nostro corpo, di fare pace con le mollezze e le asperità. Il corpo ci è stato dato a noleggio per ballare sotto la pioggia, per correre sui prati a piedi nudi, per arrampicarci sugli alberi, per assaporare e abbracciare, per accarezzare e venire coccolati dal vento, dal sole, da mani amorose e da parole e pensieri amici e benevoli. Basta punirci, sforzarci di fare cose per stare in forma, senza gioia. Abbiamo una quantità di parti funzionanti che aspettano soltanto di essere adoperate con amore e devozione. Con allegria, e senza risparmi. Non è una ricetta per una pelle perfetta e per togliere i chili di troppo, ma per vivere bene insieme ai trofei regalateci dagli anni che scorrono. E, ricordando la mia nonnina: meglio diventare vecchi che morire giovani!...

I sogni costruiscono la realtà

Arriva un'età della vita in cui si abbandonano i grandi sogni a favore della realtà. Detta così, suona bene, e fa pensare a una persona equilibrata e ragionevole che smette di immaginarsi a capo di una rivoluzione, o resa immortale dalla stesura di un grande romanzo, e si gode un pomeriggio di sole tra rose e more. La realtà è spesso più triste, quando quell'età si situa molto precocemente: quindicenni i cui voli pindarici arrivano al massimo a permettere di sognare un'auto di lusso invece di vedersi come piloti di formula uno o grandi esploratori; ragazze di vent'anni che progettano manicure invece di un cambiamento del mondo o perlomeno della costruzione di un amore. Ma anche per i più adulti, gli sguardi spenti dall'assenza di un altrove che nutra l'anima, di un giardino segreto nel quale rinfrancarsi, non sono un bello spettacolo: sappiamo tutti come ci sentiamo quando ci barrichiamo nelle nostre costose certezze, per poi scoprire che non ci proteggono affatto dal dolore del vivere.

Per quanto mi riguarda, più passano gli anni e più aumentano i sogni, con un saldo negativo di realtà che mi è quasi del tutto indifferente. La figlia maggiore mi ha chiesto ieri se sono contenta della mia vita, e con un po' di stupore ho tirato due somme tra desideri e realtà, e ho dovuto rispondere di sì (preferisco quando posso lamentarmi, in generale, come tutti noi: ci fa sentire importanti!). Ho poi aggiunto in fretta e facendo gli scongiuri che non mi sento alla fine, e che ho ancora parecchi sogni nel cassetto (ne ho anche confidati un paio, per ora allo stato di sogno puro: non li dico per scaramanzia, ma riguardano, in sostanza, boschi, animali e rapporti umani) e che l'esperienza mi ha insegnato che se si crede a sufficienza in un sogno, è praticamente certo che si realizzi, anche se non vale per tutti i desideri, purtroppo…e non è magia: solo l'effetto dell'energia che ci mettiamo per realizzarli. Ciò che spero abbia recepito è che è meglio avere molti sogni che molta realtà. Perché la felicità, alla fine, è quella striscia sottile tra sogno e disillusione, quel confine di splendore tra disperazione e una realtà più grande di noi, e l'unica cosa che possiamo fare è cullarci e allontanarci dall'innegabile terrore della vita ricercando quello che ci consola, e che permette alla nostra tenerezza di sopravvivere. Come un uccellino: fragile, in pericolo, oppure prigioniero, eppure deciso a restare vivo. Ma sul versante sogni, la figlia maggiore, che per me è "il piccolo elfo" (cresciuto), è una maestra di vita per tutti noi!

DUEMILAQUINDICI

La timidezza

Quanto va bene che i figli condividano le emozioni dei genitori? Me lo sono chiesta dopo che mia figlia mi ha guardata leggermente scossa dalle lacrime che mi velavano gli occhi mentre mi leggeva il suo giudizio di quarta media: si trattava di un buon giudizio, è sempre stata diligente e non ci ha mai dato preoccupazioni. Ma tutti i docenti, da quando frequenta il primo anno di scuola dell'infanzia in poi, hanno sempre ripetuto che è brava ma che potrebbe parlare di più, esprimersi maggiormente in classe. Mi è venuto il magone per lei, per me e per tutti, per le continue richieste che il mondo ci pone in continuazione: sii più attivo, siilo meno...La bimba bionda diventata una splendida fanciulla dorata è sempre stata timida, riservata, e con un proprio ritmo e una propria forza che esce tra chi è intimo con lei, e con cui diventa tutt'altro che timida e riservata!

Questo suo ritmo interiore le consente di osservare la realtà con uno sguardo possibile soltanto a chi sa stare in silenzio. Non che gli insegnanti sbaglino a dirle che potrebbe parlare di più, però a me viene fatica pensando a come il mondo la vorrebbe uguale a uno standard, e in qualche modo tema il suo essere riservata. Del resto, anche io soffro di timidezza selettiva, e a volte sembro distratta e rispondo lentamente: tra una domanda dall'esterno e la mia risposta, passa tutto un mondo…mi metto a pensare: cosa mi suscita questa domanda? E la persona che me l'ha posta? Cosa posso fare per lei? E per me? Qual è il senso di ciò che intercorre tra noi? Come questo può migliorare il mio e il suo mondo, e lo spazio tra di noi, o almeno non danneggiarlo?...Capite che quando succede dopo un "*mi passi il pane per favore?*"…la situazione si fa complicata! Alle elementari il docente non si accorgeva se mancavo, perché ero l'alunna più silenziosa. E adesso mi rimproverano di parlare troppo: ditemi voi se il mondo è un luogo giusto!

La speranza

Un ingrediente di base per il benessere psicologico è senz'altro la fiducia. Io mi sono ripromessa di lavorarci, dopo essermi resa conto che nonostante tutte le belle teorie che costituiscono la materia di studio quotidiana della mia vita, manco parecchio sul versante fiducia. E, guardandomi attorno, vedo tanti e tante povere e poveri di fiducia al par mio. Mi spiego: ogni volta che faccio qualcosa di bello, che qualcuno è gentile con me o che scrivo o creo qualche bella cosa, penso che sarà l'ultima volta, che mai più mi accadrà qualcosa di altrettanto bello. E non serve a nulla che l'esperienza abbia smentito molte volte questa paura. O anche: se ho fame, divento facilmente intrattabile e dal ringhio facile, simile a una bestia feroce senza il suo pezzo di carne. O se mi trovo per troppo tempo in un luogo chiuso, il mio corpo inizia ad andare in sofferenza e mi sento come una fiera in gabbia. E ancora: se appena mi sale una linea di febbre e non mi sento completamente in forma, inizio a pensare che la fine sia vicina e mi considero ormai da buttare via. Se qualcuno mi fa un bidone o non risponde a un mio mail nel giro di una giornata, penso che la mia vita sociale sia finita e che d'ora in avanti vivrò in perfetta solitudine. E poi: sarà mai possibile abitare in pieno centro, a pochi passi da Coop, non in una baita montana, e tenere in frigo quindici vasetti di differenti tipi di yogurt, e nella dispensa sette pacchi di biscotti? Li ho contati...d'accordo che una famiglia di cinque persone consuma parecchio, ma questi armadi stracolmi di cibo parlano di una paura della fame di origine contadina! In tutti questi esempi, è evidente come una fiducia maggiore nel futuro, o una maggiore speranza, mi aiuterebbe a vivere con maggiore serenità, accettando piccoli impedimenti, o momenti di fatica, di fame o di stanchezza, oppure a rilassarmi pensando che cose belle accadono alle persone di buona volontà...e provviste di fiducia nel futuro!

Domare il tempo

Che ben strano concetto, il tempo: a volte corre via veloce, altre sembra marciare sul posto. Col passare degli anni, subisce un processo incredibile di accelerazione, e per quanto fossimo avvertiti dalle generazioni precedenti, non riusciamo a capacitarci che ieri fosse Natale, e oggi già primavera! Con le figlie, siamo appassionate di film del genere "Signore degli anelli" e "Trono di spade", e per stimolarle a studiare ho preso il vezzo di dire: "Cavalca il tuo tempo come un drago, salici in groppa e domalo" quando si perdono via, lasciando scivolare le ore tra attività ludiche o di puro rilassamento. L'immagine mi piace, è bella e stimolante. Ma tralascia un dettaglio: un drago non si fa domare neppure dalla propria padrona, è forza pura e distruzione e terrore, fuoco che devasta tutto senza distinzioni. Così il tempo: non accetta padroni, e si vendica se cerchiamo di renderlo schiavo. Per questo ogni inizio di un nuovo periodo di vita facciamo programmi sul suo utilizzo, e poi puntualmente le disattendiamo. "Studierò ogni sera tre ore", "Andrò a correre un'ora al giorno" e simili...dopo qualche tempo, ci ritroviamo a ricordare questi proclami mentre sorseggiamo bevande calde e sgranocchiamo cioccolatini in poltrona leggendo un libro o sognando sul contorno di una foglia stampata sul cuscino, naturalmente con un piacevole retrogusto di senso di colpa che noi pigri apprezziamo grandemente! A chi è efficiente, va anche peggio: troppo lavoro, troppo stress...e via a una panoplia infinita di mali fisici, fino al tracollo definitivo all'età del pensionamento. No, davvero, ripensandoci: il tempo migliore nella vita è quello che abbiamo sprecato, che abbiamo sperperato lasciandoci trasportare dall'onda dei nostri pensieri, rifiutandoci di assoggettarlo, o piuttosto impotenti a sottometterlo. Una vita umana è eccezionalmente breve, paragonata all'infinito: ma è tutto ciò che abbiamo, e affannarci non la allunga di un minuto.

Arriva la primavera!

Puntuale al cambio di stagione, come una promessa mantenuta, passata indenne a tre stagioni, e forse anche un'alleata, insieme alle margherite e alle primule, ai primi tepori e alle piogge, è arrivata lei, "*la sloja*": quel torpore, quella stanchezza da fine inverno, quel non aver voglia di fare un beato accidenti di niente! Amici, questa pigrizia è secondo me preziosa, e non va combattuta, bensì assecondata: camminando più lentamente, concedendosi *snaps*, ovvero pisolini alle ore più impensabili, e naturalmente lunghe dormite notturne. La *sloja* ci rende umani, come le lacrime e i sogni. Per i più addentro nell'universo della pigrizia consapevole, barrette di *Mars* o di altri cibi non troppo sani e molto calorici, da assumere attorno alle nove del mattino, per reggere il pensiero del giorno che avanza e che impone un qualche tipo di attività (siamo *avanti*, ma non del tutto: il percorso di consapevolezza è ancora lungo!). Non temete: non durerà per sempre, e presto, abbiate fiducia, tornerà a scorrere nelle nostre vene l'impulso vitale, che ci butterà giù dal letto con buoni propositi e impeti gioiosi, senza parlare dello scorrere degli ormoni che farà capolino nelle nostre cellule, rendendoci propensi alla vita in ogni sua forma e a innumerevoli stupidaggini e capriole. Ma adesso, fermi tutti, o perlomeno rallentati, senza troppe manie di grandezza e di lavori in corso: l'inizio della primavera è il momento più difficile per il corpo e per la mente, veniamo dai rigori dell'inverno, e la luce più generosa ci stanca prima di poterci rigenerare. Occorre pazienza, e compassione per sé e per gli altri. Non rimproverate figli e compagni perché sono distratti, assenti e poco propositivi. Soprattutto, non rimproveratevi: assecondate la *sloja*, e tendete al risparmio e al riposo...abbiamo lunghi mesi di luce che ci attendono, non è necessario fare tutto oggi!

L'amore, e basta!

Con le figlie, quando siamo sole, parliamo spesso di questioni di cuore. Per me l'amore è qualcosa di doloroso e variabile e impegnativo e terrificante, tenuto in mano da una manciata di persone alle quali sono legata, che mi fanno penare, preoccupare, arrabbiare, annoiare, stufare peggio di uno stufato stracotto...insomma: niente di propriamente romantico! Poi, c'è un amore più diffuso, non legato a qualche persona in particolare, ma al mondo, agli esseri umani che compaiono e poi scompaiono in una danza misteriosa, a volte straordinariamente armonica e altre cacofonica, che chiamiamo vita...Quel nodo alla gola, quello struggersi, quel restare senza parole, pura meraviglia, puro senso di gratitudine perché quella persona, quel gruppo, quell'albero, quel paesaggio, quel testo scritto, quella roba lì che ci si para davanti al cuore *esiste*. Senza volerla possedere per forza, senza chiedere nulla: solo di poterla contemplare. Poi, siamo umani, entrano altre emozioni, meno pure: dolore per non poterci mettere su le mani; malinconia per non poterla fermare per sempre; diffidenza chiedendosi se non sia un abbaglio, un imbroglio; e ancora...paura, mancanza, senso di solitudine, spavento per la sensazione di dipendenza e la perdita della libertà di giudizio...Insomma: a parlarne, vien quasi spavento. E il dirsi: che io sia risparmiata dall'amore, almeno di tanto in tanto, per lunghi periodi, perché nella vita occorre anche poter lavorare, svagarsi, distrarsi e rilassarsi! Poi mi ritrovo a sorridere senza ragione, sempre più spesso non per una persona, ma per un'idea, un riflesso, una speranza non riducibile a un individuo in particolare.

Il lato oscuro

Camminiamo nel mondo cercando un po' di luce e calore: quel poco a cui ogni essere vivente ha diritto nell'arco del proprio percorso terreno. E il nostro incedere proietta sulla terra un'ombra: ognuno di noi ne possiede una, che muta a seconda del variare dell'inclinazione della luce, e che è tanto più grande quanto più spaziosa è la nostra figura. Ci sono aspetti dell'umano che appartengono all'ombra, e che solitamente chiamiamo "difetti" o con altri modi più o meno giudicanti. In realtà, ognuno di noi, se si interroga a fondo, riconosce in sé le peggiori colpe che affliggono l'umanità: desiderio di possesso, cupidigia, avarizia, violenza... I buddisti dicono che la fonte di ogni sofferenza è il desiderio. Ma io credo che il desiderio, se domato e indirizzato verso il bene, sia invece quella forza che fa girare il mondo, facendolo andare avanti: i *lila*, i giochi del divino della mitologia sanscrita. A volte capita di imbattersi nell'ombra di una persona, di conoscere aspetti della sua vita che avremmo preferito ignorare: non è facile sopportare che qualcuno che ammiravamo per certe qualità abbia anche lati molto oscuri. Così, chiudiamo gli occhi, e in fondo va bene che sia così, perché l'ombra appartiene a ogni essere che possiede una materia ed una consistenza terrena. Idealizzare, pensare che qualcuno sia solo bello, bravo e buono, è scriteriato oltre che ingenuo. Eppure, così terminano gli amori, le amicizie, le collaborazioni tra le persone. Andare oltre, riconoscere le parti di luce e valorizzarle, è quella forza che fa uscire dall'ombra, che consente a un assassino di vivere una vita di espiazione, a un predatore di riconoscere la parte violenta di sé, e di cercare di indirizzarla in modo che non sia un danno per se stesso e per chi incontrerà sul suo cammino.

L'amicizia

A proposito di amicizia, che a ben pensarci è un sentimento più puro e desiderabile dell'amore tanto decantato da tutte le parti...sentite che bella definizione ne ho trovato, fa riflettere in tempi nei quali si è un po' svilito (amici sui social network, amici per modo di dire): "l'amicizia è un tipo di legame sociale accompagnato da un sentimento di affetto vivo e reciproco tra due o più persone. L'amicizia è un legame, una relazione e un sentimento tra due o più persone, caratterizzato da una rilevante carica emotiva e fondante la vita sociale dei due (o più) individui. In quasi tutte le culture, l'amicizia viene intesa e percepita come un rapporto alla pari, basato sul rispetto, la stima, e la disponibilità reciproca. L'amicizia non prevede l'esclusività affettiva: gli amici possono cioè frequentare altri individui a scopo amoroso, sessuale, relazionale...senza che il rapporto vicendevole di amicizia ne risulti compromesso. Il tema dell'amicizia è al centro di innumerevoli opere dell'arte e dell'ingegno; fu trattato già da Aristotele e Cicerone ed è oggetto di canzoni, testi letterari opere filmiche...Si distinguono diversi gradi di amicizia, dall'amicizia casuale legata a una simpatia che emerge fortuitamente in una certa circostanza, magari in modo temporaneo, all'amicizia cosiddetta intima, ovvero associata a un rapporto continuativo nel tempo fra persone che arrivano a stabilire un grado di confidenza reciproca paragonabile a quella tipica del rapporto di coppia." Per quanto mi riguarda, i miei amici sono una delle grandi ricchezze e gioie della vita. Così anche per le figlie: i loro amici costituiscono una comunità importante tanto quella del ristretto cerchio familiare, e in alcuni casi un sollievo dalle asperità della vita e dalle spine amorose dei rapporti con i genitori!

Noi stessi al 100%

Dai, facciamo un esperimento, facciamo l'esperienza di essere noi stessi, noi stessi al cento per cento, senza compromessi e rinunce: a volte ci riusciamo. Capita a tutti: certi giorni ci sentiamo pienamente noi stessi, e camminiamo a busto eretto per il mondo, con il cuore in offerta, e il baricentro ben assestato, ben piantati e fieri sulle nostre gambe come fossero colonne di un tempio. Belli come dèi, verrebbe da dire, guardandoci benevolmente! Quando riesco a mettermi in questo stato, mi succedono sempre cose belle, begli incontri, buone energie che si muovono tutto attorno a me. L'altro giorno ero a fare la spesa con il Marito, e diverse persone mi fermavano per una questione o quell'altra, sorridendo, tanto che abbiamo impiegato più di un'ora per una commissione di cinque minuti...Quando mi ha fatto notare l'ora, gli ho detto: "*benvenuto nel magico mondo di claudia crivelli barella!*"...e lui ha concluso ridendo che non mi accompagnerà più attorno quando ha fretta! Ma ovviamente, come per tutti, non è sempre così allegro e ben popolato il mio "magico mondo": molto spesso mi ritrovo a essere una curva signora di mezza età un po' spaventata, un po' stanca e spiegazzata, di fretta pur con l'impressione di non aver nulla di importante da compiere, e anche annoiata e con ben poca voglia di avere a che fare con chicchessia, men che meno con me stessa!...esagero un po', ma avete ben compreso lo stato...capita a tutti, con geometrie variabili di rughe accentuate e curve fuori posto. Prendiamoci l'impegno di camminare almeno saltuariamente con il nostro volto più solare, e di avere rapporti franchi e basati sul rispetto e sulla fiducia. Solleviamo le spalle, prendiamo un bel respiro e poniamo il cuore in offerta a chi incontriamo. Siamo belli, siamo fieri, siamo noi stessi al cento per cento!

Tracce di vita

Una persona non dovrebbe mai camminare con tanto impeto da lasciare tracce così profonde che il vento non le possa cancellare: è una frase degli indiani Piedi Neri, che ho trovato in un testo di ecologia profonda (*deep ecology*) che è una corrente di pensiero che sento affine al mio. Quando leggo questi testi, provo sentimenti contrastanti: da una parte, molto interesse, e anche una certa serenità, come sempre quando ci si imbatte in cose che si avvertono come familiari...ma anche rabbia, pensando a tutto quello che mi è toccato sorbire e studiare, e con cui aver a che fare nella vita, scuole dell'obbligo incluse. Tutte quelle persone con la loro verità in tasca che hanno cercato di costringermi a pensarla come loro, e guai se sollevavo un sopracciglio dubitativo. E tutte quelle che mi hanno fatta sentire inadeguata, costringendomi a vivere nel loro mondo fatto di oggetti a me estranei, e so che l'esperienza non è solo mia...Mi viene in mente un moroso, avrò avuto diciassette anni: suo padre aveva una Ferrari e lui ne andava molto fiero; io mi vergognavo a farmi vedere in quest'auto che spiccava rossa, così scendevo lontano da dove avrei potuto incontrare persone che conoscevo, e l'ho poi lasciato per un ragazzo con una due cavalli nera e bordeaux. Non era una questione di automobili, naturalmente, ma di stili di vita e di modi di intendere l'esistenza, e probabilmente di ormoni come è naturale a quell'età...ma alla fin fine, entrambi i ragazzi hanno cercato di convincermi che quella sbagliata fossi io, inadeguata o eccessiva, come finiscono sempre per fare i ragazzi con le ragazze, e a pensarci adesso mi spiace di non averli mandati a quel paese entrambi senza tanti struggimenti!

Il fuoco della rabbia

In questi giorni sono stata a contatto con l'emozione della rabbia: non rabbia mia, che è un sentimento vivificante che quasi mi piace provare, siccome non lo frequento spesso ed è capace di attivare belle spinte energetiche dentro ognuno di noi. A volte, arrabbiarsi è necessario, salutare al nostro vivere: quando viene minacciato il nostro o l'altrui equilibrio. Spesso, basta ringhiare un po', mostrare i denti, e "il nemico" passa via basso, come succede tra i lupi. Ma gli uomini, intendo i maschi, quando si arrabbiano, a volte sconfinano nella violenza pura, verbale o fisica. Noi donne siamo meglio in grado di gestire questa emozione, oppure spesso, purtroppo, la riversiamo al nostro interno, procurandoci crampi di pancia e un'infinità di doloretti: a me capita, come a tutte le persone un po' nevrotiche, di "grattuggiarmi" la pelle attorno all'unghia del pollice quando ometto di esprimere la mia rabbia verso l'esterno. Questi giorni ho assistito a diverse esternazioni violente, verbalmente e nel comportamento non-verbale, e naturalmente ne sono ancora un po' scombussolata. Ricordatevi, quando state accanto a una persona molto arrabbiata, che qualsiasi parola o gesto rischia di peggiorare la situazione, provocando un crescendo di violenza: la persona va accompagnata con il non-verbale ancora prima che con il verbale, con gesti delicati e calmi che la aiutino a riprendere il contatto con se stessa e con il proprio equilibrio, riacquistando quel minimo di calma che evita gesti sconsiderati. La rabbia è come un fuoco infatti: divampa, e ha la peculiarità di incendiare e di fare il vuoto tutto attorno a sé. Non discutete con un arrabbiato, non contradditelo, rallentate il ritmo della voce e del respiro, portatelo alla calma e, se potete, allontanatevi. Soprattutto se siete una donna sola in un appartamento con un uomo molto arrabbiato con voi: fa male anche solo pensare a questa situazione, più frequente di quanto si pensi. E in quei casi...via a gambe levate, ragazze mie!

La vita nei boschi

Un libro che ho regalato alla figlia diciassettenne è "*Walden, La vita nei boschi*". L'uomo è artefice del proprio destino: questo il pensiero di Thoreau, che scrisse questo saggio nel 1850 in una capanna di legno nel Massachusetts, sulle sponde del lago Walden: una vita fra i boschi, a pieno contatto con la natura, che lo portò a vivere una solitudine gioiosa, in uno stato di pace interiore. In questo modo Thoreau ci presenta un modello alternativo, molto affascinante, che fa inevitabilmente scattare una molla nella mente, e riflettere su quella che è la realtà della società industriale. Per Thoreau quello che conta è il necessario: un riparo, un sacco a pelo, e la natura che lo circonda. L'anima ha bisogno di spazio: lo spazio che solo la natura può offrirci. Abbiamo bisogno di sentire il calore del sole, lo scorrere della pioggia, di respirare l'aria che la terra bagnata emana. "*Andai nel mondo perché desideravo vivere con saggezza, per affrontare solo i fatti essenziali della vita, e per vedere se non fossi capace di imparare quanto essa aveva da insegnarmi, e per non scoprire, in punto di morte, che non ero vissuto. Volevo vivere profondamente, e succhiare tutto il midollo di essa (della vita), vivere da gagliardo, spartano, tanto da distruggere tutto ciò che non fosse vita.*" Walden è, soprattutto, un luogo fantastico, che chiunque può crearsi con la propria mente. Possiamo pensare a Walden come un posto magico in cui la nostra anima viaggia liberamente. Possiamo trovarci in questo posto magico quando abbiamo bisogno di stare soli, di riflettere, di meditare, di prendere una decisione senza avere pressioni e condizionamenti. Un bel regalo per una diciassettenne, e anche per noi adulti!

Con la pace nel cuore

Sfogliando i giornali, leggiamo molte notizie preoccupanti che inquinano la nostra mente, ma anche qualcuna rassicurante, in grado di fornirci spunti di riflessione: una ricerca ha elencato i farmaci più potenti ed efficaci utilizzati nel mondo: al terzo posto, troviamo l'aspirina. E fin qui, tutti concordi, tranne chi come me ne è intollerante: ricordo ancora un memorabile capodanno trascorso al pronto soccorso dopo aver preso quattro aspirine nel corso di una giornata febbricitante a Rete Due, quando facevo la dj culturale ai tempi dell'università! Ma sentite i primi due: al secondo posto, il brodo di pollo sorbito ben caldo, come ben predicavano i frati, e con raccapriccio e disdegno dei vegetariani. E al primo posto...la preghiera! Una semplice e sincera preghiera, a qualsiasi santo, ideale o divinità, non può che farci bene, non diamo retta ai mangiapreti e agli integralisti! Spulciando i giornali, un'altra notizia: il cervello per stare bene ha assoluto bisogno di pause di silenzio e di spazi di non-accessibilità. Anche questo, un dato piuttosto noto a chiunque applichi un poco di buonsenso alla vita quotidiana, eppure non una notizia scontata per molti che vivono in un universo di costante reperibilità. Ricordatevi di spegnere cellulari e computer di tanto in tanto, di non correre a rispondere ad ogni sollecitazione e di mettere sulla porta il cartello "non disturbare"...oppure fuggite un po' nei boschi, in un prato fuori mano, in qualche viottolo deserto. E pensate non che siete dei nullafacenti, ma al contrario che state facendo del bene al vostro cervello, al vostro spirito e al vostro corpo. L'anima ringrazierà, e idee e accadimenti belli seguiranno!

Italia

Quest'estate un ragazzo ha chiesto a mia figlia se parlasse *lo svizzero*: la stessa domanda che mi veniva posta trent'anni fa attorno ad un falò sulla spiaggia...L'Italia è per noi vacanza, apertura, cultura: è sufficiente prendere un cappuccino in un bar di Como per sentirsi immersi in una realtà straniera: le persone appaiono diverse per brevi dettagli e per un accento che suona esotico, le edicole pullulanti di pubblicazioni interessanti, le librerie accoglienti, le gelaterie lussuriose, per non parlare delle vetrine di moda, delle chiese, dei palazzi. L'Italia ha il mare tutto attorno, e una varietà di bellezze che ci affascinano: piazzette incantevoli, viali alberati, campi, boschi abitati dai lupi. Le persone si muovono in modi differenti, hanno uno stile che riconosciamo come simile eppure straniero. Siamo più a nostro agio a Milano o a Zurigo? Penso, in entrambe le città, e in modi differenti: a Zurigo sentiamo forte la nostra latinità, mentre a Milano emerge tutta la nostra svizzeritudine...alla fine, gli eternamente stranieri siamo proprio noi ticinesi, che con i frontalieri abbiamo da sempre un rapporto di odio-amore! L'Italia è il Bel Paese dell'italiano, la nostra madre lingua, che quindi si trova fuori dalla terra patria, dove si parla prevalentemente tedesco o francese: abita fuori casa, come una signora un po' bislacca che ha bisogno dei propri spazi. L'italiano è la lingua più bella del mondo, l'unica in grado di dire le cose come stanno, o almeno la pensiamo così noi che siamo nati qui, ma lo stesso deve essere per l'arabo per un abitante del deserto o per il russo per uno della taiga. Per me e per la mia famiglia, andare in Italia è poter parlare l'italiano, e dunque sentirsi compresi, e poter beneficiare della cultura che da Dante a Petrarca arriva fino a noi, dolcemente e soavemente, ma anche con motti di spirito e d'ingegno e un senso della Storia tipicamente italiani.

La professione e la famiglia

Il modo migliore per organizzare lavoro e famiglia sarebbe vivere in un castello, con legioni di domestici, occupandosi della famiglia, del giardinaggio, delle arti e delle tenute, oltre che facendo volontariato e dando balli per l'intera collettività. Ma siccome questo modello, ahimè, non è più attuale, tralasciando il pensiero che avrebbe potuto capitare di nascere anche dalla parte del mondo a cui toccava il lavoro nei campi o in miniera, ognuno di noi si arrabatta a trovare la propria soluzione all'equazione lavoro-famiglia. Il Marito e io abbiamo sempre lavorato a metà tempo, rinunciando ad opportunità lavorative, e beneficiando di tempo per le figlie, che rarissimamente sono state accudite da terze persone: questo non è l'unico, né il migliore modello possibile, ed è praticabile soltanto in certe professioni e da persone che considerano un parametro di ricchezza l'avere tempo per sé, e poter camminare a piedi nudi nell'erba. Non ho mai creduto al "tempo di qualità": i figli hanno bisogno dei genitori nei momenti meno opportuni, solitamente quando più si è impegnati...quando mi capita di essere fuori casa per più di un giorno, le figlie mi dicono: *"non ci sei mai!"* e io mi dispero per aver perso la caduta di un dentino, un lavoretto portato da scuola, il saggio di danza...ma quando sono a casa per molto tempo, mi mancano le persone adulte, la vita attiva, le sfide professionali, e mi dico *"ci sono troppo"*! Insomma: la vita è fatta da equilibri ed equilibrismi, da sottili alchimie: inutile cercare la perfezione, e illudersi di aver trovato la soluzione al dilemma del vivere. Ogni scelta comporta delle rinunce, e periodicamente è opportuno rivalutare le proprie priorità per considerare se sono ancora corrispondenti ai nostri bisogni e a quelli dei nostri cari. Sono grata di aver potuto vivere il momento appieno, occuparmi a fondo delle mie bambine, con delle rinunce che a suo tempo un po' mi sono pesate (pensando a Virginia Woolf che diceva: *Quando una donna si sposa e ha figli, una parte di lei muore...*), anche perché gli anni sono corsi in fretta, e adesso le ragazze mi dicono: "*dai mamma, esci con il papà che stasera abbiamo bisogno della cosa libera per invitare gli amici!*".

Il peso della famiglia

Un'amica è tornata da qualche giorno in solitaria, lontana dal peso dolce-amaro dei figli e della famiglia, e mi raccontava quanto tutto le pesasse dopo questa parentesi di leggerezza: i capricci e le molte esigenze dei figli, il tran-tran quotidiano, la difficile conciliazione tra ritmi lavorativi e scolastici, e non da ultimo gli acciacchi dei genitori e dei vari parenti malandati. " *È inutile aver voglia di sciare in estate, e di nuotare nel mare in inverno*", le ho suggerito...gli anni concitati dello sbattimento generale, dello stramazzo materno, dello starnazzo filiale, del gran *bataclan* di quel carrozzone di vita che chiamiamo "famiglia" durano quel che durano...una manciata di starnuti, di pianti e di risa, e poi i figli sono grandi, piuttosto indifferenti alle proposte comunitarie (a meno che non vengano da un gruppo di pari), i genitori anziani se ne vanno, molte seccature e altrettante avventure entusiasmanti diventano ricordi sbiaditi. Tanto vale godersi il tutto mentre ci si è immersi, così come ci godiamo lunghe nuotate nel mare o nel lago nei mesi estivi, senza stare a pensare a montagne innevate e sci in alta quota...E così come d'inverno sfrecciamo sullo slittino o sui nostri sci da fondo con totale entusiasmo di corpo e di mente, senza rimpiangere le nuotate estive. Certo, poi c'è quella cosa chiamata *nostalgia canaglia* che ci fa sognare il mare quando siamo in campagna...quella cosa (*cossa* in dialetto) che ci rende umani, ricordandoci che non ci esauriamo mai nel momento attuale, che dentro di noi albergano infinite possibilità di vita, e anche molteplici esigenze contrastanti. Che quando siamo madri non smettiamo di essere donne, e bambine screanzate e ragazze selvagge e sagge nonnine, e poi ancora lupe di mare, e indomite esploratrici, e laboriose coltivatrici, e potenziali astronauti e giudici di pace, e tutto quel che vi viene in mente...

Tutto è nostro, nulla ci appartiene

Abbiamo trovato una caletta perfetta, al mare, e la sera, per evitare pesanti carichi lungo l'erta via che riportava all'albergo ligure, lasciavamo ombrellone e materiale da spiaggia sotto una roccia, fidandoci della generosità dell'estate. Nessuno ha mai toccato nulla, dando ragione alla nostra fiducia. Ma, come nelle fiabe, l'ultimo giorno non abbiamo più trovato la sedia verde muschio da campeggiatore dell'uomo di casa, una di quelle sedie pieghevoli, un regalo per lui che non ama sedersi nella posizione del loto sui sassi, trovandosi più a suo agio assiso su un vero trono (*di spade*...?!). Lungi dall'averci intristiti, la scomparsa è stata salutata come un pegno tributato alle tante fortune dei bei giorni di mare, alle stelle cadenti di San Lorenzo. Abbiamo pensato che qualcuno, evidentemente, ne aveva più bisogno di noi. Inoltre, che nessun possesso è da considerarsi definitivo, e che tutto nel mondo appare e scompare...Inutile temere di perdere gli oggetti: meglio lasciarli liberi, in grado di andarsene e di tornare a noi in forme diverse. Abbandono spesso per il mondo piccoli ninnoli o libri che non mi servono più, e altrettanto di frequente cose e libri mi vengono offerti in dono, o appaiono nella mia vita al momento opportuno: è la magica legge del dare e dell'avere che mi ha insegnato mia mamma: "*da un pungo chiuso non entra niente e non esce niente*", usava dirmi, insegnandomi la generosità di cuore che cammina sempre unita a quella materiale. Ogni cosa che doniamo diventa veramente nostra, perché vive nel ricordo di chi la utilizza molto più efficacemente di come farebbe in stipati armadi, polverosi scaffali, strabordanti cassetti. Meglio liberare, far spazio, regalare, viaggiare leggeri sulle strade della vita, senza preoccuparsi troppo di cosa mangeremo domani: come i passeri, che non si curano di queste piccolezze, e ogni giorno trovano di che nutrirsi.

Le cose importanti e quelli vitali

Esistono cose importanti e cose urgenti. Oggi parliamo di altro, di cose NON importanti: quelle piccole cose inessenziali che danno il colore al giorno. Quelle di cui non dovrebbe importarci poi molto, e che invece determinano il nostro stato d'animo, ci fanno splendere la pelle e il sorriso oppure ci fanno venire una linea di febbre o male allo stomaco, alla nuca, all'anima. Insomma, quei piccoli fattarelli, le occhiatacce e la noncuranza, o la gentilezza di un estraneo, un raggio di sole che si fa strada tra le foglie del ciliegio che si diradano con l'arrivo dell'autunno...Sì: quelle cose di nessuna importanza pratica, che non dovrebbero neppure entrare in linea di conto tra gli impegni lavorativi, le notizie dal mondo, le cose importantissime e urgenti che abbiamo da fare oggi, ieri, domani...e che sono, voi lo sapete come lo so io, nulla, assolutamente NULLA al confronto di quel raggio di sole che prosegue eterno nel suo cammino, di quello sguardo gentile di uno sconosciuto che mai farà parte della nostra vita, ma che è parte dell'umanità e perciò "cosa nostra", che ci riguarda come i nostri familiari ma in modo differente, senza lacci e solo con un sentimento cosmico, universale, aldilà delle parole. Amore puro, datoci in dono senza che dobbiamo farne alcunché. Per assaporare i momenti non importanti, ma vitali, è necessario il silenzio, e l'apertura del cuore. È sufficiente camminare nel mondo con il cuore in offerta, spogliandosi della persona adulta che siamo diventati con il nostro impegno e la nostra serietà, liberando la "tusa" (ragazza, in dialetto) o il "fiö" (ragazzo) che è in noi. Lasciarci accarezzare dal vento, flirtare con gli alberi e assecondare il trillo di un uccello, restare senza parole di fronte a una persona, e bere dalla coppa della vita senza fare i conti tra il dare e l'avere.

Le immagini

Facciamo attenzione con le fotografie: colpiscono come uno schiaffo, un colpo al cuore...sono le chiavi per la nostalgia che abbiamo nascosto negli armadi erroneamente convinti che fosse al sicuro, e il pungolo per desideri che non sapevamo di avere, per terrori e per timori, per slanci e per inquietudini. Sfogliamo con attenzione i giornali e guardiamo con moderazione siti e canali: ci riempiono di immagini colpendoci laddove siamo più vulnerabili...I pubblicitari lo sanno molto bene: non avevamo sete, e chiudiamo il giornale con la voglia improvvisa di una certa bibita. Allo stesso modo, siamo immersi nelle nostre vicende, poi vediamo la foto di un bambino siriano sulla spiaggia ed eccoci paladini dei diritti umani...in questo caso, l'effetto è più alto e degno di un essere umano, ma il meccanismo non differisce di molto. Stimolo e reazione. Alle immagini occorre accostare parole, e pensieri, e soprattutto spazi di vuoto per le nostre riflessioni. E facciamo attenzione alle foto che postiamo allegramente sui social: dicono molto di noi...meglio evitare figli e nipoti, concentrandosi semmai sugli animali di casa (sapete, vero, che un gatto sul vostro sito fa molto zitella senza speranza...o, se preferite, single per scelta?!). Io ho aperto WhatsApp per comunicare con le figlie: è comodo, pratico, e non certo impegnativo come Facebook o Twitter...Ho messo una mia foto con i capelli "alla struwwelpeter", traduzione: Pierino Porcorspino: andare dal parrucchiere mi stufa, l'odore di lacca è deprimente e i capelli "in ordine" sono una delle tristezze della vita...Come status la frase *"più wild che mai"*: alzate di occhi al cielo delle ragazze, che mi hanno ricordato che non ho quattordici anni...Ho risposto che quando si è una persona seria come me ci si può permettere status da quattordicenne, soprattutto quando corrispondono al vero!

Ruminanti di vita

Anche io, come le mucche, sono una ruminante: loro di erba, io di vita vissuta. Un fatto non è accaduto veramente se non ci torno su con il pensiero e con tutte le emozioni connesse, se appunto non lo rumino e ci rimugino su, rivendendolo alla moviola e da prospettive differenti, tanto più a lungo quanto più è stato coinvolgente (coinvolgente, per me, è anche il movimento dell'erba in un pigro pomeriggio di sole). Attualmente, rivedo episodi della mia infanzia, oltre a quelli della vita più recente. Spesso, rivivendo un episodio, mi saltano all'occhio dell'anima dettagli che non avevo immediatamente preso in considerazione. Succede anche raccontando la nostra vita a qualcuno, e perciò l'amicizia e la psicoterapia sono tanto salutari per la vita psichica (provare per credere!): mettendo ordine agli accadimenti per poterli raccontare a qualcuno che ci sia benevolo, ne comprendiamo aspetti che sobbollivano dentro di noi in totale solitudine, invisibili e incomprensibili. Se vivo troppi giorni intensi, senza possibilità di riflessione, di ripiegamento su di me, ne scaturisce una grande confusione, come quando troppo a lungo trascuriamo di riporre i vestiti negli armadi, presi dalla fretta della vita vissuta. Ecco: per quanto vissuta sia la vita, mi piace che non sia mai troppo frenetica, troppo piena e protesa verso l'esterno, perché è immensamente piacevole, oltre che essenziale, rivivere all'interno e in modo intimo e consapevole i fatti nudi e crudi della vita esteriore, a volte appassionanti e belli, altri drammatici e burrascosi. E starsene in silenzio è una condizione indispensabile per fare ordine interiormente, come ben sanno tutte le mamme che a volte *sclerano* di fronte al continuo chiacchiericcio, ai battibecchi delle figlie, alle richieste esterne, alla musica non richiesta, alla vita che incalza, incombe, scompiglia e disordina!

Lo spirito dei luoghi

Il "*Genius loci*" era nell'antica Roma un'entità naturale e soprannaturale legata a un luogo ed era oggetto di culto. In alcuni angoli di mondo, lo sappiamo tutti, è possibile avvertire una presenza arcana, una forza potente, una bellezza particolare che parla all'anima: spesso vi si trovano chiese, monasteri, cappelle votive, monticelli di pietre o alberi secolari. Ma ognuno di noi possiede i propri luoghi del cuore, quelli che parlano all'anima: il piazzale in cui giocavamo da bambini, un certo alpeggio, un praticello di periferia, una riva del mare o un masso sul fiume. Io ho una cava, una vecchia cava abbandonata sulle pendici del Generoso, a pochi passi da casa. Quando ci passo d'estate, so il gelo dell'inverno, le brume autunnali. Conosco il passaggio delle volpi, e ricordo certi tramonti torcibudella, certi mattini pieni d'allegria e certi pomeriggi bigi senza speranza e senza amore. Per conoscere un luogo, così come una persona, per avere un rapporto autentico con quel luogo particolare o quell'unica persona, sono necessari tempo, cure e attenzione. Anni e silenzi. È necessario il passare delle stagioni, e il mutare del nostro sguardo con il mutare del clima e dei giochi di luce durante le varie fasi del mondo. Per questo mi fa ridere l'industria del turismo, quando corriamo a vedere le cascate del Niagara, e poi diciamo di conoscerle. Vero è che il rapporto unico e particolare con la "mia" cava mi permette di avere un occhio attento a ogni cava del mondo: quando ne vedo una, mi pare di conoscerla già un poco, ricordando quella di Salorino...più preziosa per me di qualsiasi luogo sulla terra, anche il più bello, più lontano o più spendibile turisticamente. Spero anzi che l'ente turistico del Mendrisiotto non la scopra, altrimenti inizierebbero i cartelli, gli orpelli, la gente con le scarpe da ginnastica e le macchine fotografiche e la noncuranza di chi passa e va...

Gli amici delle figlie

Quando mi ritrovo la casa piena degli amici delle figlie, da sempre, penso che qualcosa di buono nella vita lo devo pur aver combinato, se vengo ripagata con tanta ricchezza! Mi piaceva organizzare festicciole e merende per vedere i compagni della scuola d'infanzia e delle elementari, che da un compleanno all'altro crescevano in modo impressionante, e ti ritrovavi una ragazzina nella bambina singhiozzante che avevi consolato l'anno prima dopo un litigio per un cappellino da pirata. Mi piacciono tanto, ma proprio tanto, le ragazze in fiore e quei rappresentanti sconosciuti e ingombranti che occupano lo spazio con un'energia differente da quella femminile. Mi piace sentirli parlare tra di loro, scorgere scampoli di quei discorsi eterni sul senso della vita, sulle cose importanti del mondo, che non differiscono poi molto dai discorsi che facevamo anche noi genitori prima di ritrovarci adulti e di dover dare e ricevere del "lei" quasi dimenticando che ogni essere umano è un "tu". Parlando con questi esseri non ancora ventenni, sento il caldo riflesso della loro energia che risveglia i miei pensieri e la mia linfa vitale, e torno per un momento ragazzina prima di riprendere in mano la situazione e ricordare a tutti che in questa casa l'adulta sono io…L'uomo di casa non ne ha bisogno, la sua autorità non viene mai messa in discussione, neppure quando si perde a illustrare la sua collezione di fumetti di Star Wars! Interviene per mandarli tutti a casa quando è arrivato il momento dello studio o della cuccia, e a me rincresce vederli andare via, vorrei sempre la casa piena, la dispensa da ricaricare inesauribilmente, le risate e persino i mozziconi di sigaretta da buttar via dopo aver brontolato e fatto l'ennesima predica su quanto il fumo faccia male (ho appostato una statuetta della Madonnina in terrazza che li guarda e funge da loro coscienza, e loro la girano per non sentirsi osservati: a piccoli passi, funziona, entra nel loro immaginario!). Mi piace che per le figlie gli amici siano importanti, perché insegnano a volte più della scuola, e consolano dal gelo della vita, negli anni, con il loro calore.

Parliamo un po' del dolore, và!

Non sono abituata a porre domande perché non sono abituata alla fiducia. Aspetto, ascolto. Sono stata cresciuta come molti di noi nell'ottica della penuria, destinata a diventare un'orfanella sempre lì ad affannarsi per avere la sua parte nel mondo, sempre ad andare verso gli altri senza l'aspettativa che gli altri capiscano in anticipo i miei bisogni. Dovere prima del piacere, sempre: il mantra della nostra infanzia che fa parte di noi come un vecchio abito logoro. Prima fai i compiti, poi leggi. Prima lava i piatti, poi guardi la tv. Negli anni, ho elaborato la strategia di fare un passo indietro per fare in modo che gli altri arrivino a me...se volete sapere il risultato: di solito, se ne fregano e guardano altrove! Ma non sono riuscita a imparare la fiducia, la speranza, anche l'allegria...a volte non ne posso più di me, delle ore del lupo, degli artigli della solitudine. Sempre a mio agio in mezzo a drammi, tristezze, deserti. Questo penso quando sono giù di morale, ma in altri momenti mi riconosco la capacità di empatia, e anche di relazioni forti, autentiche, durature. E anche autoironia e capacità di mettermi in gioco, e di prendermi un po' più con leggerezza rispetto a quando ero più giovane. Ecco: ora ho capito perché a cinquant'anni la percentuale di felicità è al picco più alto nelle statistiche...si impara l'autoironia, la leggerezza, la comprensione che non siamo soli in quel dramma inevitabile che è la vita: anche le persone all'apparenza più appagate e serene (e io, accipicchia se rientro in questa categoria!) hanno ore di solitudine e di dolore dentro di sé, fedele compagni, venature di realtà che rendono preziosa la struttura del tutto, e danno consistenza alla parte allegra e sbarazzina. Ognuno muore solo, ma in mezzo ci sono isole di gioia, di condivisione, di ponti tra le anime, e questo è il paradiso in terra, e vale la pena viverlo, e raccontarlo, e celebrarlo, anche perché sia di testimonianza per chi non ci crede più.

Il braccialetto di preghiere

A volte è utile andare a curiosare un po' nelle varie dottrine religiose o filosofiche. I buddisti hanno una preghiera, la Triplice Gemma, che recita così: *"prendo rifugio nel Buddha, prendo rifugio nel Dharma, prendo rifugio nel Sangha"*. Il suo significato è: prendo rifugio nel Buddha, desiderando che tutti gli esseri senzienti comprendano la Grande Via e che vi si dedichino con tutto l'animo. Prendo rifugio nel Dharma, desiderando che tutti gli esseri senzienti approfondiscano le Scritture buddhiste, così che la loro saggezza sia come il mare. Prendo rifugio nel Sangha, desiderando che tutti gli esseri senzienti siano uniti in armonia, completamente e senza ostruzioni. Ogni volta che la leggo mi fa pensare a una mia preghiera, laica e sorta spontanea molti anni fa, che mi accompagna ogni sera: invece di nomi divini, è fatta di nomi di persone che ho conosciuto e che mi sono state benevole. Alcune sono fisicamente presenti nella mia vita, altre scomparse per i vari accadimenti della vita, o perché era terminato il loro tempo sulla terra. In ogni caso, a me piace ricordarli, mi dà conforto e pace sapere che in qualche modo mi hanno amata, e che io ho amato loro. Snocciolo i loro nomi come una litania laica, e poi immagino una grande mano che mi accoglie per darmi rifugio nel sonno, e mi addormento serena. Ognuno di noi elabora metodi e strategie per raggiungere la serenità, e questa mia preghiera è così efficace che ve la offro in dono, anche se certamente anche voi avrete le vostre. Questi piccoli rituali sono importanti, soprattutto nella nostra società laica in cui i rituali sono quasi scomparsi, mentre la psiche ne ha bisogno per stare bene...un po' come il corpo ha bisogno di movimento, acqua, cibo e sonno.

Cosa ci fa bene a Natale?

Anche durante le Feste, la ricerca di una vita semplice e armoniosa può proseguire. Depennerei dalla lista degli elementi benefici del periodo natalizio panettone e biscotti...in fondo: ci piacciono veramente, oppure li mangiamo per consuetudine? Toglierei anche gli auguri fatti e ricevuti perché si deve: esiste qualcosa di più mortificante dell'aprire un'invitante busta di cartoncino trovandoci gli auguri della propria banca?! Ciò che ci fa bene nei giorni del solstizio d'inverno è, secondo me, la semplicità, il calore e la tradizione: mettere ordine tra le priorità, avendo ben presente cosa è importante per noi in questo periodo, cosa lo è stato durante l'anno che va chiudendosi e cosa auspichiamo lo sia in quello che tra pochi giorni inaugureremo, nuovo fiammante e pieno di promesse. Per questo, togliere dalla cantina qualcosa che riserviamo a questo periodo, e che ci riporta indietro nel tempo. Ottima idea, eliminare qualcosa: un abbandono simbolico di un oggetto che non ci rappresenta più, e che non vogliamo portare con noi nel Nuovo Anno. Ma Natale è anche la Festa della famiglia, del cercare calore stringendosi gli uni con gli altri. Un anno, mi dico, vorrei partire, abbandonare ogni tradizione, dimenticare in cantina la corona dell'Avvento e andarmene, che so, a Istanbul o in un Paese che con il Natale non ha nulla da spartire. Non lo farò mai, probabilmente, ma mi piace pensarlo, perché Natale è anche un momento di sogno e di magia, e di voglia del tutto ipotetica di evasione: verso il caldo, verso la solitudine, verso vite che non sono la nostra, e che per questa semplice ragione ci appaiono più semplici e facili da vivere. Natale è anche il momento in cui si sente, forte, l'assenza di chi non c'è più. Mi mancano tutti i miei parenti e amici scomparsi, e mi mancano persino gli amici che non ho potuto frequentare tanto quanto avrei voluto: loro presi con le loro vite, io con la mia...e via di corsa. Per questo a Natale, per quanto sia felice con la mia famiglia e senta molto calore accanto ai miei *Magnifici quattro-più-cane*, finisco sempre per avere gli occhi lucidi, un po' di commozione e un po' di malinconia: oltretutto, il pianto segna le rughe attorno ai miei occhi in modo drammatico...il tempo corre, e siamo di nuovo a Natale!

DUEMILASEDICI

Bilancio di inizio anno

"E alla fine non sono gli anni della tua vita che contano. È la vita che c'è stata nei tuoi anni" (A. Lincoln)
 Ripenso all'anno appena concluso, a quanto ha contenuto in termini di gioie e dolori, dare e ricevere...e mi dico che è stato un buon anno, generoso in ogni senso, sia di risa che di lacrime, e soprattutto di esperienze formative e destabilizzanti: perché perdere un po' l'equilibrio, per noi così ben saldi sulla terra, è sempre un bene...per poter sperimentare un po' l'instabilità, e saggiare l'aria prima di rimettere le zampe al suolo, da quei manzetti ben attaccati alla terra che siamo! Ho riflettuto sul potere dell'immaginazione: ho ottenuto tutto quello che avevo immaginato...nel bene e nel male, perché nell'immaginazione vediamo soltanto una parte di ciò che auspichiamo, e la realtà ci insegna qualcosa di molto più complesso. E non per incantesimo, o semmai per la magia che ci dà forza e impegno per realizzare i nostri sogni. Ho immaginato di avere dei figli, una famiglia, ed eccomi qua a rammendare calze mentre avrei voglia di scrivere (non è un modo di dire: ho interrotto più o meno dieci volte questo breve scritto, l'ultima proprio adesso per rammendare le calze con due buchini in corrispondenza degli alluci che stamane mia figlia desiderava indossare). Ho immaginato che per mestiere avrei ascoltato per ore le persone, e *voilà* le mie giornate. Ho immaginato di entrare nel Parlamento

cantonale per portare avanti temi legati all'ecologia, e poco dopo correvo su e giù per il Cantone con il treno a ogni ora. Ho immaginato che volevo più tempo a mia disposizione, ed eccomi fuori dal Parlamento! Ho immaginato rapporti con le persone, e si sono realizzati, *più o meno* (i rapporti con le persone sono quanto di più complesso si possa immaginare: più semplici i rapporti con animali, luoghi e piante!). Ora, forse per la prima volta, mi trovo a non avere immagini di come sarà il mio futuro. Questo significa che forse morirò nel corso dell'anno: è una possibilità non da escludere, visto quello che succede ai mortali. Ma mi piace pensare invece che sia un buon segno: di apertura e di accettazione per quanto la vita ha in serbo per me, senza richieste e senza troppe esigenze. Sono arrivata alla fase in cui fermarmi sul ciglio del sentiero a contemplare l'orizzonte mi dà una grande gioia, e dove il suono del silenzio mi culla meglio di qualsiasi musica.

Tre donne

Ho visto due donne simili oggi, le ho incrociate per strada e non le conosco, avevano suppergiù la stessa età (una cinquantina), le medesima corporatura, gli stessi colori. Una era strizzata in un paio di jeans strappati in fabbrica e ricoperti di lustrini: ondeggiava su degli stiletti blu, la camicetta bianca con i bottoncini che faticavano a contenere le rotondità mature. L'altra proseguiva dimessa con delle scarpe anatomiche, una gonna di panno infilata senza considerazione per il contesto (era un pomeriggio autunnale particolarmente caldo) e con il resto dell'abbigliamento: colori e materiali di quelli che vanno *in teoria* bene con tutto, un po' più larghi del necessario, senza pretese e con l'intento dichiarato di non farsi notare. Mi sono ritrovata a ripensare a queste due donne per diversi giorni, meravigliandomi di come gli esseri umani possano essere differenti, e fantasticando sulle vite che le hanno portate a compiere delle scelte tutto sommato di nessuna importanza (presto quei jeans saranno nel contenitore della Caritas, e la gonna di panno infeltrita, dimenticata in fondo a un armadio) eppure rivelatrici di vite differenti, di pensieri inconciliabili. Se ci fossimo fermate per la strada a parlare, noi tre, cosa ci saremmo dette? Avremmo trovato un registro comune? E loro mi avranno vista?...tendo a pensare di no, spesso credo di avere il famoso anello dell'invisibilità di Frodo! Quando sono allegra, penso che se ci fossimo parlate avremmo innescato una catena di sorprese e inaugurato una bella conoscenza...forse la donna dimessa in pieno *"stile Mendrisio"* si sarebbe rivelata una sorpresa di spumeggiante fascino, e la ballerina di balera avrebbe rivelato lati di inaspettata profondità e serietà. Altre, quando sono più negativa, mi dico che se esiste il Paradiso, come è mai possibile che ci ritroveremo insieme noi tre così diverse? Altre ancora sbuffo: *piantala lì Claudia e pensa a cose pratiche*...e torno ad avere sei anni, quando genitori e maestro erano preoccupati perché mi incantavo via!

Misteri della vita

A volte mi trovo alle prese con fatti e momenti che non riesco a decifrare. Cose che non capisco se sono positive o negative, un aiuto benevolo datomi dal cielo o un ostacolo che dovrei togliere di mezzo. Come una mucca che si para davanti sul prato durante una passeggiata in montagna: un bell'incontro o un potenziale attacco; un messaggero di sventure o un angelo sotto forma di vacca bruna alpina? Ci sono anche persone gentili che mi fanno venire i nervi, e persone scostanti e maleducate che mi mettono allegria...insomma, a volte non mi è chiaro chi è chi, e vorrei vivere in un universo più facile, tra i maggiociondoli cari a Tolkien e boschi magici dove abitano creature senza ombra di dubbio benevole, assediate da esseri malvagi senza tema di errore. Nel mondo reale, tutto è più complesso, e non così facilmente decifrabile. L'unica resta quella di avvicinarsi alla mucca sul sentiero utilizzando tutte e tre le nostre intelligenze: quella di testa, quella di pancia e quella di cuore...e sperare in bene, in un'occhiata benevola prima di proseguire oltre, verso la meta, tra la nebbia, tra le erbe e gli alberi. E ricordarsi che "Il morbido vince il duro. Il debole vince il forte", come insega Lao Tsu nel Tao Te Ching...Non aver fretta di capire tutto, o meglio la *pretesa* di capire tutto, bensì lasciarsi un poco stupire, trasportare, meravigliare e incantare dagli incontri che la vita ci propone, uscendo dai nostri rigidi schemi mentali e dalle nostre assurde convinzioni.

Imparare emozionandosi

Le emozioni giocano un ruolo fondamentale nella nostra capacità di apprendere. Lo osservo molto bene nelle ragazze: quando un docente risulta loro simpatico, quando la relazione professore-allievo è positiva, l'anno scolastico funziona bene per quella materia, e già dalle prime lezioni so se sarà un inverno duro per quanto riguarda la matematica, oppure un anno tutto sommato piacevole, fatto di impegno e di soddisfazioni. Esistono docenti apparentemente sadici, che paiono trovare gusto nella sofferenza degli allievi, e altri severi ma giusti, che riescono nell'ardua impresa di non far odiare la propria materia, bensì di stimolare l'interesse e la voglia di apprendere. E le cose funzionano così anche crescendo: politici che ci fanno sbuffare e disperare, e conferenzieri che ci mandano a casa con la mente piena di lucciole e di voglia di darci da fare, di approfondire una tematica, di farci coinvolgere. Spesso, è la simpatia che fa la differenza, con tutte le variabili legate al rimescolamento personale: esseri umani altamente affascinanti per l'uno, possono rivelarsi sgradevoli per l'altro. Questa è una bella fortuna, perché non esistono persone perfette, ma soltanto incontri perfetti tra persone, tra professori e allievi, tra maestri e allieve. Ognuno di noi ha imparato qualcosa perché era in qualche modo coinvolto o affascinata dal proprio mentore, da che mondo è mondo l'apprendimento funziona se gli stimoli emozionali fluiscono in modo positivo. Ma non spaventatevi se le cose non sembrano andare per il verso giusto tra vostro figlio e il suo maestro: a volte anche la rabbia, o lo spirito competitivo, sono un buon incentivo!

La dignità

Una persona recentemente mi ha sorpresa dicendomi che teneva a dirmi come da tempo mi osservi e abbia notato in me una grande dignità. Ciò mi ha stupita perché solitamente sono io quella che osserva gli altri, standomene nell'invisibilità con il famoso anello di *Frodo Baggins*, lo *hobbit* del *Signore degli Anelli*! Comunque, mi ha fatto piacere, non perché i complimenti sortiscano su di me grande impressione (mi fido in linea generale solo di quelli che provengono da me stessa), bensì perché la dignità è una qualità secondo me importante, sulla quale riflettiamo troppo poco. Si possono fare molte cose con dignità: accettare sconfitte e vittorie, sedere tranquillamente, camminare ben eretti, parlare o stare in silenzio. Se ci concentriamo sulla dignità, ci concentriamo sulle nostre qualità umane, ed evitiamo di cadere in tentazioni grossolane, di incurvare la schiena, di abbuffarci di cibi o di altri stimoli, di inciampare in soprassalti di egoismo o di vanità personale. È più facile che il "fattore-dignità" sia presente in persone molto semplici, ma non ha classe sociale né ceto economico: è possibile essere dignitosi nella povertà come nella ricchezza, nella salute e nella malattia, nella gioia e nel dolore. L'importante è non eccedere in dignità: quella persona non mi ha mai vista mentre saltello per casa con le mutande in testa a mò di cappellino, altrimenti temo avrebbe omesso di parlare di dignità; e avrebbe sbagliato…perché essere dignitosi non significa essere noiosi, non divertirsi e non ridere di se stessi!

Vita semplice: istruzioni per l'uso

Nella ricerca di una vita semplice, il primo passo è quello di fare spazio, tagliare l'inessenziale: via le attività succhia-energia e gli oggetti che ingombrano...ridurre, andare all'essenziale, potare il superfluo per lasciar fluire energie, tempo, spazio. A volte, è anche possibile che ci si faccia prendere un poco la mano...Io sono in pieno trip *"come essere una parigina ovunque tu sia"* (conoscete il libro?!) perché all'essenziale amo abbinare l'idea di eleganza, di *style*, di bellezza...dunque mi sono prefissa di crearmi un guardaroba con cui convivere felicemente unicamente e interamente nero, bianco panna e burgundy (rosso profondo, per gli uomini all'ascolto). Naturalmente, solo Doc Martens, ballerine e stiletti neri ai piedi. L'impresa non è facile, perché il mio armadio pullula di colori, abiti e calzature che vanno bene per camminare nei boschi, assolutamente inadatti ad una città come Parigi, dunque potenzialmente eliminabili senza pietà. Nel frattempo, li indosso allegramente, aspettando che si consumino, conservando gli outfit più parigini per quando avrò ottenuto il risultato dello spoglio totale dei vestiti campagnoli e colorati stile gipsy. Mi farete notare che il risultato è che mi vesto in ogni foggia, tranne come piacerebbe a me, ovvero di nero, bianco e burgundy...Rispondo che avete perfettamente ragione, ma che il tenere l'abito migliore nell'armadio è un'antica tradizione contadina, che invero cozza con l'attitudine *parisienne*, ma per quanto il detto reciti *"prima Mendris pöö Paris"*, la genetica non è acqua e le tradizioni vanno rispettate. Tempo dieci anni, e sarò riuscita nel mio intento, oppure avrò cambiato gusti un'altra volta, e la mia vecchiaia sarà colorata e cangiante.

Remember that you are loved

Possiedo una vecchia maglietta tutta sformata e con qualche buchetto che non penso mai di buttare via nei cambi di stagione, perché mi è cara: ha una scritta che dice *"remember that you are loved"*, ricordati che sei amata. A volte la infilo nell'armadio di una figlia, e così la portiamo un po' a turni nei momenti più *decontractées*, che costituiscono la maggior parte delle nostre giornate...per darvi un'idea: sono stata al colloquio di presentazione con i docenti al liceo e, criticando il mio abbigliamento da capo a piedi, la figlia fashion ha osservato: *"almeno avranno pietà nei miei confronti"!* Non che abbia bisogno di ricordarmelo: la percezione di essere amata è piuttosto presente nella mia quotidianità, a parte gli imprescindibili momenti di disperazione cosmica: un senso intimo di gioia e di baldanza che mi fa pensare che ogni stanza sia felice del mio ingresso (capita persino che canti: *ta-da* entrando in salotto!), e che l'erba saluti i miei passi con una carezza. La realtà non è sempre pronta a rispondere con altrettanto slancio al mio ottimistico senso di appartenenza al mondo, e spesso vengo salutata con mugugni dalle figlie prese dalle loro vite; con malcelato fastidio dal marito che mi ritiene a volte *pesante* come tutti gli uomini ritengono a volte *pesanti* e impegnative le donne; con noncuranza dagli amici e persino con maleducazione e indifferenza da molte persone che non solo non mi apprezzano per nulla, ma che proprio non mi vedono, manco avessi l'Anello del potere di Frodo del *Signore degli Anelli*. Questa, ragazze mie, è la dura realtà della vita. Ma quando si è stati desiderati e amati da piccoli, o quando le stelle sono benevole, possediamo la nostra anima, e siamo felici di camminare nel mondo. Ci ricordiamo di essere amate…da chi non si sa con precisione, ma poco importa: l'importante è iniziare ad amarsi da sé medesimi, sorridersi interiormente e dirsi "beh, perlomeno una persona amabile e piena d'amore convive con me, che bella fortuna"!

8 marzo: festa della donna

Le donne sono belle: da giovani, da vecchie; raffinate o buttate là come viene; inconsapevoli e spettinate ancor più che appena uscite dal parrucchiere! L'universo femminile è vasto e composto da molte parole, ancor più silenzi, da morbide ruvidezze e da segreti che gli uomini non sanno...Non sanno dei nostri discorsi quando loro sono assenti, e di quanto ci mancano, e di quanto invadono il nostro spazio quando sono presenti! Un indicatore dell'importanza delle donne è l'osservare un uomo che non abbia legami con una femmina: diventa presto simile a un cavernicolo, non arriva a possedere la propria anima e il proprio spazio se non intrattiene una qualche relazione con una moglie, un'amica, una mamma, un'amante, una sorella, una compagna, una figlia. L'uomo lasciato a sé, salvo rare eccezioni, vive in un tugurio anche se all'esterno ha l'apparenza di una villa, e soprattutto non capisce le raffinatezze dell'animo umano, le sfumature dei colori, le regole del vivere intimamente legate ai ritmi della terra. Ecco: per me l'uomo è il Cielo, sempre sostanzialmente in aria, e noi donne siamo la Terra, con radici ben profonde al suolo e la capacità di sentire le voci che si levano dall'oscurità, dal passato, dal mondo sotterraneo non immediatamente percepibili. Inoltre, noi donne partoriamo bambini e curiamo persone, piante, ferite...ogni cosa ci capiti a tiro, dai piccoli animali agli armadi di casa. Naturalmente, conosco uomini più sensibili alla dimensione della cura di tante donne: uomini che aiutano le rane ad attraversare le strade, o curano mali, o parlano gentilmente anche quando si tratta di politica. E tutti loro hanno rapporti significativi con qualche donna che li ha amati, nutriti nel corpo e nell'anima, cresciuti bene. Oggi ci ricordiamo delle donne con mimose e onorando povere operaie morte in un incendio, ma pensiamoci tutti i giorni dell'anno: dovremmo tutti essere femministi, volerci bene, saper vedere le componenti maschile e femminile dentro noi stessi e negli altri, e onorare le donne!

Pasqua

Quando proprio non ce l'aspettavamo più, quando le scorte di energia si erano esaurite, e ci sentivamo *alla frutta*...ecco che arriva la rinascita, il coniglio con le uova, il primo verde nei campi...Pasqua! Così, è la vita: primavera dopo ogni inverno, speranza che torna dopo la disperazione, nuova energia e nuova linfa nei rami che parevano secchi e che invece...miracolo, spuntano le gemme! Quest'anno ci hanno rubato l'inverno: poco freddo, poca neve, pochissimo gelo. Abbiamo rischiato di dimenticarci di andare in letargo, di risparmiare le energie seguendo i ritmi benefici della natura, ritirandoci presto con il calare della luce, e prendendocela comoda: siamo stati attivi e vigili; e come se non bastasse ci siamo rimpinzati con un esercito di coniglietti di cioccolata e di altre delizie da tempo disponibili sugli scaffali dei negozi. La parola d'ordine è: pulizie di Pasqua! Pulizie della casa, armati di aceto di mele e spazzoloni, e pulizie del nostro mondo interiore: ottimi i succhi di betulla della ditta antroposofica Weleda, i centrifugati di verdura mescolata con la frutta (i magici *smoothies*!), le insalate di erbe amarognole...il corpo ringrazierà! E siccome siamo fatti di spirito incarnato, ricordiamoci di svolgere le operazioni di pulizia pasqualina anche nella nostra mente e nella nostra anima: via le attività e le letture inutili, benvenute pause di silenzio meditativo! Ricordiamoci che nel poco si trova il molto (vale anche per il menu pasquale!), e che la caccia alle uova in giardino è una metafora della caccia al germoglio nel bosco, dell'idea scintillante, nuova e luminosa deposta nella nostra anima che attende soltanto la nostra attenzione piena di speranza per essere scovata e portata alla luce. In noi vivono mondi: lasciamoli germogliare, diamo loro fiducia, apriamo il cuore e la mente al rinnovarsi della vita!

Un'ida di privacy non convenzionale

Fosse per me, abolirei ogni concetto di segretezza, tranne quella del cuore. Se trovo in giro un diario, lo leggo senza nessun patema: considero anzi un preciso dovere di una mamma, moglie o amica quello di interessarsi a tutto ciò che i miei cari scrivono. Non vado a frugare nei cassetti o nelle tasche o nei cellulari, quello no: ma se trovo qualcosa in giro, leggo con interesse. E lo stesso vale per le mie cose: ridereste se aveste accesso ai miei mail o messaggini privati, e pazienza. Tranne quando ho segreti altrui da custodire, nel qual caso divento brava a celare come un'agente segreta! Così, oggi ho tirato fuori i bigliettini di desideri che la piccola ha messo in una bottiglia sulla scrivania. Erano tre: fare un safari fotografico in Africa, avere un cavallo e...rendere felici le persone attorno a lei. Argh...sono impallidita: questo no! questo è un virus, una maledizione, un vizio di famiglia, una tragedia! Porre come obiettivo, o desiderio, l'altrui felicità invece della propria, è garanzia di infelicità, frustrazione e dolori vari. Credetemi: parlo per esperienza, e so che non va bene. È giusto amare e rispettare gli altri, ma non cercare la loro felicità: a quella ognuno di noi deve tendere da solo, e cercare di aiutare gli altri mette a rischio altissimo la nostra stessa ricerca della felicità. Anzi, scordatevela proprio: sarete persone virtuose, affidabili, piacevoli, gentili: non persone felici! E non venitemi a dire che, di riflesso, contribuire all'altrui felicità rende lieti: storielle per bambini. Se c'è una cosa che avrei voluto insegnare a mia figlia, è un po' di sano egoismo: missione fallita!

Un compleanno

Non so come sia potuto accadere che in così poco tempo quel piccolo esserino elfico biondo che diceva "cappè, papu?" giocando con le tazzine di porcellana si sia potuta trasformare in una splendida amazzone che posso guardare negli occhi a patto di mettere i tacchi alti e di stirarmi in tutta la mia altezza, o ancor meglio sedendomi a gambe incrociate sul tavolo mentre lei è sdraiata per terra, visto che l'utilizzo del mobilio a casa nostra è piuttosto anarchico!...Cosa prova una mamma quando la figlia cresce, si fa adulta, con tutto quanto questo comporta? Ve lo devo dire: Freud ha toppato in pieno, altro che invidia e aggressività...una figlia che diventa donna è un sollievo insperato! Poter abbassare le armi, passare il testimone, dare la fiducia e l'amore alla prossima generazione, poter dire: io ho fatto, mo' veditela tu, il mondo è tuo, prendilo e fanne il meglio che puoi, per te stessa e per chi ti sta attorno! E poter lasciar ingrigire i capelli, e vedere gli occhi degli uomini che vanno dritti sulla giovane ninfa, lasciando la "vecchia" nell'invisibilità...ragazze, è una cosa bellissima! Che piacere pronunciare questa parola scandalosa, "vecchia": a quarantasette anni, mie girls, le nostre mamme erano vecchie...perché noi dovremmo subire un destino diverso, e ostinarci a restare giovani, in piena obbedienza alle leggi del mercato, mentre i nostri corpi sussurrano: hai dato tanto, hai spezzato cuori e sei stata amata, ora rilassati, diventa pure un po' strana, te lo puoi permettere...metti un cappello verde e gira per il mondo facendo quello che hai voglia di fare, non quello che gli altri si aspettano da te! Non devi più produrre a tutti i costi, non devi fare la brillante o la sciantosa, puoi divertirti, rilassarti, bearti dello splendore nelle giovani in fiore volendoti bene ma senza accanirti sul tuo corpo con creme e ginnastiche sfiancanti e, tutto sommato, inutili di fronte all'immensità del Tempo! Guardate, amiche mie, che questa libertà è bellissima, questo poter guardare negli occhi gli uomini vedendoli come fratelli e non come cerbiatti da cacciare, o come fauni da cui fuggire...che meraviglia, che liberazione! Ma prima di questo c'è la Vita Giovane, splendida e complicata e piena di meraviglie e di insidie. L'amore apre gli occhi, e io attraverso questa Venere sorgente dalle acque vedo e amo tutte le giovani donne che iniziano il loro cammino nell'età adulta, pregando la Dea perché la vita sia buona, e gentile, con lei e con loro.

La bellezza nel mondo

Diventeremo polvere, energia, anime del Paradiso o spiriti che cercano di reincarnarsi per imparare ancora e terminare il ciclo delle nascite? In tal caso: e se finisce che mi reincarno in una balena delle profondità, quelle che vivono circa duecento anni nelle acque profondissime e gelide? Argh...sono tutte cieche per via di un parassita che mangia loro gli occhi: l'ho scoperto guardando in stato di totale annichilimento un documentario pomeridiano! Se siete degli scienziati, datevi da fare, trovate un modo per aiutare queste povere balene a non perdere la vista, per quanto là sotto non è che abbiano poi moltissimo per lustrarsi gli occhi! Non riesco a immaginare, a ogni modo, di potermi reincarnare in un altro essere vivente, e dover prendere dimestichezza con un differente sistema vitale, e magari avere branchie o pinne invece dei polmoni e delle gambe! La cosa migliore è concentrarsi sull'unica certezza: qui e ora, in queste condizioni, con queste possibilità...ad esempio, quella di riempirsi gli occhi di bellezza. Ultimamente, mi manca il fiato guardando la bellezza delle persone....sarà che vivo poco all'aria aperta, molto meno di quanto vorrei, e che non ho a disposizione grandi distese, praterie sconfinate, mari azzurri e montagne altissime per deliziare lo spirito, e allora guardo i miei simili, e li trovo in molti casi di una bellezza struggente, sciupata, accartocciata, randagia...le persone che mi fanno dilatare le pupille vi stupirebbero, perché non sono propriamente belle, però le riconosco come sorelle, fratelli, scintille divine incarnate, loro malgrado, in un corpo pieno di acciacchi e in certi casi non più giovanissimo, oppure giovane ma per nulla in forma. Al loro confronto, le modelle sui muri mi sembrano di una banalità sconfortante: torno a pensare al pallore dei volti, alle pieghe della pelle, alle occhiaie che brillano di vita, e il mondo mi si rivela, colmo di bellezza.

La fatica di essere donna

Santa Teresa d'Avila diceva che in ogni donna vive una pazza di casa, in genere segregata nel profondo, ma che a volte se ne esce fuori senza preavviso...vi confermo che corrisponde al vero: l'ho vista spuntare fuori da donnini composti e coraggiosi, da personcine equilibrate e all'apparenza inoffensive. Alzi la mano la mamma sempre sorridente che non abbia mai scagliato una spazzola dall'altra parte della stanza in un accesso d'ira, o la dolce mogliettina che non abbia sclerato immaginando di chiudere il consorte in una cella frigorifera per non dover più sentire il vocio della partita di calcio in televisione. La pazza di casa esce nei momenti che seguono lo stress o il vuoto emotivo, il senso di abbandono che echeggia da quella voragine di richieste d'amore e di attenzione presente in tutte noi e che mai potrà essere colmata. A volte è una simpatica pazzerella, come quella che mi abita quando dopo un periodo di stretta dieta macrobiotica, vegetariana e integrale, decido che il cetriolo del Mac unito al pomodoro del ketchup possa essere considerato un pasto equilibrato; o quando pianto lì tutto e mi metto a fare cose come ballare al buio. Ma la pazza in genere è di difficile sopportazione: porta con sé lacrime e disperazione, senso di fallimento e di aver sbagliato tutto nell'educazione dei figli, nella vita, nella professione, nel preparare il caffè. Esce perché siamo complesse, più a contatto con le emozioni nostre e altrui, più programmate per fare rete, per aprirci all'altro, per accogliere...troppo di tutto, sempre. Io mi inchino davanti agli uomini, che di queste sopportazioni nulla immaginano, e non sanno come sia complicato gestire tutto questo dosaggio emotivo, in aggiunta a quello ormonale che in ogni periodo di vita trova una scusa per sconquassarci, portandoci alle lacrime davanti a un saluto mancato o all'euforia per un germoglio che spunta. Il cuore sempre avanti a tutto, e il cervello che arranca un passo indietro, per quanto possa essere di prima qualità. L'unico modo per tenere a bada tutto questo carrozzone è la preghiera, il ritiro, l'ascolto: la vita spirituale, insomma. Io non conosco altra possibilità di salute mentale che non sia quella di seguire una via dello spirito: perché il cuore, il sangue, il corpo…tutto, troppo, troppo…materia per la pazza di casa, da disciplinare con pazienza, coscienza e speranza sperando che se ne stia buona, un poco addomesticata. Confidando in noi stesse e in Altro.

Ciò che è importante

Essere, apparire, dimostrare, sembrare, adeguarsi…quanta fatica sprecata! Perdiamo molto tempo ad adeguarci a quello che gli altri vogliono da noi, ad assimilare il loro modello di vita invece di concentrarci su quello che pensiamo e desideriamo noi. Non da ultimo, impieghiamo tanto tempo ad immetterci nel ciclo produttivo, seguendo il mantra "produci, consuma, mangia prima di venir mangiato"…Ognuno a segnare il proprio territorio, a mostrare di appartenere ad una certa classe sociale: "mi metto il cappottino Burberry così capisci che parliamo lo stesso linguaggio, e mi ascolti con attenzione, e godrò di qualche privilegio". Sia chiaro: a me i cappottini Burberry piacciono un sacco (specialmente color cammello), però mi disturba e imbarazza pensare di indossare qualcosa per segnalare una presunta superiorità rispetto ad altri: o tutti possiamo permetterci un cappottino firmato o, mi spiace, ma ne faccio a meno, senza nessuna fatica. Mi urtano i gioielli costosi (quando me ne capita uno in eredità, lo regalo), e le creme di caviale (e anche quelle di bava di lumaca, ma questo perché penso alle povere lumache!). Sopporto a fatica quelle persone con un ego smisurato che non perdono occasione per segnalare che "loro valgono" (come direbbe la pubblicità) perché hanno studiato e lavorato sodo e si sono fatti strada azzannando il prossimo con i loro bei dentoni affilati. A volte capita che ammiri il loro lavoro, ma il loro mondo non è il mio, mi sposto un po' più in là, e quando non lo posso fare mi limito a un ringhio d'avvertimento perché mi lascino in pace. E se c'è da far la lotta, se proprio è indispensabile…mi rifiuto, me ne vado, e loro passano avanti, e il mondo lo reggono loro (mannaggia!), apparentemente... fino alla prossima generazione, alla prossima occasione, a quando riprendo speranza e fiducia nel domani!

La stagione dell'amore

Nella nostra società del tutto-e-subito, dei risultati visibili, dell'efficacia ed efficienza...il consumismo penetra fin nei nostri cuori, portandoci a credere che dobbiamo avere tutto perché *noi valiamo* (siccome lo dice una marca di cosmetici!), tanto da correre a concretizzare tutto, ad afferrare ogni cosa, a cercare ogni esperienza, bruciando pelle e anima. Secondo me, è profondamente sbagliato, anche se nasce da un impulso sano e normale, quello di avere, di possedere...Nell'innamoramento, il possesso rovina inesorabilmente uno stato che è volatilità allo stato puro: è possibile essere innamorati soltanto di ciò che non ci appartiene, che non fa parte della nostra vita, che ci richiama ad altro. Quando passiamo dall'innamoramento al possesso, entriamo in una nuova fase: raramente d'amore, più spesso d'indifferenza, fastidio e pesantezza. Vale per i maglioncini di cachemire: ce ne innamoriamo nelle vetrine, e dopo qualche lavaggio non ci appaiono più così wow-wow-wow-non posso vivere senza quella tonalità di cipria sulla mia pelle! E vale con il primo bacio: se dall'innamoramento passiamo al possesso dell'oggetto d'amore (si dice oggetto anche nel caso di una persona, in filosofia è consentito!), il piano cambia totalmente: iniziamo ad avere delle pretese che seguono le nostre esigenze di base. Iniziamo a non più guardare l'oggetto a bocca aperta, incantandoci per la sua bellezza, bensì a vederlo nella sua concretezza. Intendiamoci: a volte, può essere fantastico: possiedo maglioncini che ancora mi regalano un brivido di piacevolezza quando li indosso. Possiedo (permesso in filosofia, anche se il verbo stride applicandosi a un umano) un marito che ancora mi fa brillare gli occhi. Ma, in mezzo, oceani di realtà vissuta che separano l'istante dell'innamoramento, perfetto ed etereo, da una realtà che è diventata vita vissuta. Preziosa, ricca di ricordi e di gratitudine, e anche di qualche innegabile seccatura (i maglioncini vanno curati, i mariti pure), e in ogni caso molto concreta: nel bene e nel male. L'innamoramento è altro: non chiede niente, non vuole niente, neppure condividere, soltanto rendere grazie. E trasportarlo sul piano della realtà a volte rovina tutto: acquisti sbagliati (quanti maglioncini buttati, mai indossati con piacere, regalati alla prima occasione!), amori dolorosi. Vi auguro una primavera di innamoramenti, fonte di vita fantasticata e di gratitudine!

Gli aquilotti fuori dal nido

È una festa quando siamo tutti e cinque, e solo in cinque senza aggiunte: c'è sempre una delle ragazze che ha qualche impegno, torna tardi o parte presto, svolazza in giro come un aquilotto fuori dal nido...sedersi a tavola con Runa-cane tra le nostre dieci gambe è quasi un evento in questi tempi, un fatto da festeggiare con preparazione di torta di mele da guarnire con la panna, e spremuta d'arancia fresca che scorre a fiumi! Molto più spesso siamo in due, tre, quattro...e mi sembra di avere un arto mancante, o un pezzo di cuore in meno. Oppure in tanti, con amiche e amici, ed è bello ma non è la stessa cosa, la stessa intimità, la possibilità di fare i nostri discorsi "in famiglia", con le dinamiche che conosciamo: chi fa il gioppino, chi il saggio, chi il ribelle...e alternandoci tra questi e altri ruoli. La famiglia è una bella cosa: quando c'è, rompe le scatole in modo incredibile, obbliga a percorsi zen per preservare un proprio equilibrio. Ma averla è una ricchezza impagabile, anche se la libertà non ha prezzo! Ciò che conta è vivere intensamente ogni attimo, senza recriminare per le libertà e il sonno persi, per le preoccupazioni, le arrabbiature...non ha nessun senso arrabbiarsi perché altri esseri umani intralciano il nostro cammino con il loro, con le loro esigenze, con i loro modi di intendere la vita che non sono identici al nostro. Osservarli con amore, con devozione, con meraviglia, è l'unica cosa sensata che possiamo fare. E aiutarli come possiamo, servendoli con spirito di gioioso sacrificio, perché i nostri cari, i nostri figli, sono piccoli grandi Maestri sulla via della saggezza. E la loro vita, inutile girarci attorno, è più importante della nostra stessa vita. Senza questa convinzione, meglio non avere figli: il mondo è sovrappopolato, decidere di non avere figli è una scelta saggia, il mondo ha bisogno di tutto...di madri biologiche e di madri spirituali. Io ho scelto di scoccare tre frecce di carne e sangue verso l'eternità, e il loro tragitto mi lascia spesso senza fiato per la meraviglia, e con la gola secca per la fatica!

Sii buona e gentile, disse la mamma a Cenerentola...

La gentilezza, in fondo, consiste in questo: che ognuno di noi protegga la solitudine dell'altro, il suo cuore misterioso e privato: è questo forse il punto più alto del legame tra due persone. La gentilezza è una ricchezza che a volte diamo per scontata, salvo poi accorgerci di quanto sia importante quando manca, quando ci imbattiamo in persone ostili, indifferenti, o brutali...o brutali nella loro indifferenza, o indifferenti nella loro brutalità. La gentilezza quando è autentica non si nota, come l'aria che respiriamo: più è pura, e meno si avverte nell'inspirazione un particolare odore, o un accumulo di metalli o particelle di qualche genere. La gentilezza si fa da parte, sta in silenzio, spesso non ha bisogno di sorridere, se non con gli occhi e con il riflesso dell'anima. La persona gentile non sembra voler urlare al mondo "guardate come sono gentile!", bensì lascia spazio all'altro per emergere nella sua complessità. A volte la diamo per scontata, se siamo abituati a vivere tra persone gentili, ma quando manca ce ne accorgiamo subito, e ci rendiamo conto di quanto al sua presenza impalpabile fosse benefica per il nostro vivere: esattamente come rimpiangiamo l'aria di montagna quando torniamo in una città inquinata...E a volte non ci rendiamo conto di essere preziosi, in quanto portatori di gentilezza, e ci sottovalutiamo, pensando di non saper fare nulla di particolare, e che tutti i lupi là fuori siano più forti di noi. Sciocchini, guardatevi intorno: ci sarà un motivo se tutti entrano in una stanza arrabbiati e finiscono per sorridere dopo un po' della vostra dose di gentilezza! Consideriamoci un presidio medico, un aiuto del Cielo, e non scoraggiamoci, continuiamo a darci da fare spandendo gentilezza in ogni dove!

Nutrire la parte morbida

Diffidate di chi non ha debolezze. Io cedo davanti a ogni richiamo, non trattengo la mano verso le dolcezze della vita, che siano un gelato, una birra artigianale o i capricci di un bambino...mi vien quasi sempre da pensare che la vita è già troppo dura senza necessità di complicarla ulteriormente, e sono sempre stata propensa a concedere parecchio alle figlie, ai bambini che mi sono stati affidati, ai bambini negli adulti con i quali ho a che fare, alla bambina che vive in me. Per dire: mi metto in testa di iniziare a correre, e sono un'eterna ABR (*absolute beginner runner*), perché dopo un po' che trotterello inizio a pensare "ma chi me lo fa fare, davvero?" e finisce che mi incanto via a guardare il cielo, o gli alberi, e inizio a camminare a passo normale, con grande piacere di Runa Cane che ha più agio per annusare intorno e mi guarda come per dire: "era ora di finirla con questa mattana della corsa...cosa avevamo, i terroristi alle calcagna forse?!". Poi, mi dico che d'oggi in poi sarò razionale, basta con perdersi via con voli di fantasia e umori altalenanti a seconda delle nubi in cielo, e far feste e far tragedie per nonnulla che non spostano il PIL nazionale di una virgola, e di solito dura fino a dopo il caffè del mattino, poi mi ritrovo in pensieri che non dovrei avere, e mi dico vabbè, a chi faccio del male? Son alcolica di mio, senza bisogno di bere nulla che non sia acqua fresca del rubinetto con le bollicine fatte in casa. Non contribuirò alla crescita economica del Paese (fortunatamente, secondo alcuni), ma non faccio del male a nessuno: ogni tanto dobbiamo ricordarci del nostro valore, e riconoscerci i meriti!

Come stiamo?

A volte mi chiedono "come stai?" e parto in quarta elencando gioie e dolori dei componenti della mia famiglia: "bene, sai l'esperimento di mate è andato bene...", oppure "malino, ho appena avuto una discussione sui compiti con la piccola...". Insomma, dove stia io in questi resoconti che paiono cronache dal fronte, non è ben chiaro. Mi ci vuole un salto carpiato per ricordare che non sono solo una mamma, una moglie, un punto di riferimento per persone di grado diverso, ma anche una singolarità, un essere umano con un corpo, una mente e un cuore. Quando me ne ricordo, rispondo centrando meglio la domanda (non che mi venga posta spesso, ma vabbè!): "benino, ma avverto un po' di rammarico per..." oppure "stancamente, mi spiace non aver colto un'occasione...". A volte dico anche "bene, grazie!" ed è vero... altre pronuncio la stessa frase, ed è solo per tagliar corto e non addentrarmi in luoghi scoscesi, facili a lacrime che sarebbero fuori luogo. Sapete benissimo com'è, non devo spiegarvelo! Quello che vorrei è che fossimo il più spesso possibile autentici, sia nel porre che nel rispondere alla domanda "come stai?": è una buona domanda, e dovremmo farla e farcela più spesso. Non ossessivamente, ci mancherebbe, e ben sapendo che il più delle volte si danno risposte convenzionali, perché il commercio tra le persone non è sempre impresa facile: occorre tempo, perizia, cura. La cura è il dato fondamentale: cerchiamo di metterne sempre un po', quando abbiamo a che fare con le persone, vicine o lontane!

Felicità e scrittura

Avete presente, quando si è felici? Quando si è felici si corre nei boschi, si nuota nei laghi, ci si sdraia su un prato a guardar passar le nuvole, si spettegola con le amiche, si fanno progetti, si danza con la musica a tutto volume, si canta guidando la macchina, ci si abbraccia, si fanno rivoluzioni andando in piazza o progettandole rivoluzionando i ripiani dell'armadio. Quando ci si siede tutti composti a scrivere da quelle personcine equilibrate che siamo? Esatto: quando siamo infelici! Mica per nulla i grandi romanzi sono stati scritti da persone infelici, o da felici in momenti di attesa, sospensione, solitudine...è un fatto: o si vive, o si scrive. Che poi scrivere serva a tutti noi per poter vivere, per capire il mondo, per comprendere a fondo come pensiamo, è un altro fatto, che si somma al precedente. Ma le persone attive, quelle pratiche, quelle davvero equilibrate...loro non le vedrete mai scrivere qualcosa che non sia una lista della spesa, o un rapporto scientifico, al limite una didascalia sotto una foto o un promemoria sull'agenda elettronica o cartacea. Ma pensate a Jane Austen: ha scritto capolavori romanzeschi d'amore sublimando la sua assenza di relazioni sentimentali, in particolare di una, per un uomo del quale si era innamorata e che mai poté avere: tutti i suoi personaggi maschili sono una sua trasposizione, e gran parte delle sue storie vanno a finire bene, o comunque le sue eroine vivono quella passione che lei ha provato soltanto dentro di sé. Se l'avesse vissuta, non avrebbe avuto il tempo, l'energia e la voglia di raccontarla magistralmente come ha fatto, regalandoci letture intense e psicologicamente molto sofisticate. Grazie,

Jane: siamo con te, con l'aggravante che non sappiamo scrivere storie d'amore...ma leggerle, quello sì!

Un tempo avevamo tempo

Vi ricordate quei lunghi pomeriggi festivi di quando si aveva quindici, sedici anni...trascorsi fuori nei prati, a perdersi dietro a mille piccole divagazioni sul tema libertà? Oppure, passati nella propria stanza a leggere fino a farsi venire male agli occhi? I nostri figli conoscono queste sensazioni? Parrebbe molto poco, molto meno: sempre connessi, sempre sollecitati, sempre con il tempo organizzato e pianificato, agenda elettronica alla mano. E anche noi: quando è stato l'ultimo giorno in cui siete stati davvero disconnessi? L'unica è fuggire in montagna, in magici luoghi senza *wireless*, e senza apparecchi elettrici. Badate, non sto demonizzando: io amo la tecnologia, trovo che sia un ampliamento eccezionale delle nostre possibilità di contatto, di condivisione, di conoscenza. Da qualche mese sono anche su Facebook, dopo anni di diffidenza, e devo dire che per ora è un'esperienza positiva...ma un'esperienza che richiede maturità e una disciplina interiore: quando il modem è acceso, è difficile restare sulle pagine di un libro, oppure mettersi a non fare niente, assolutamente niente, fino a quando una buona idea viene a trovarci: è più facile dare una sbirciata ai social, al nutrimento elettronico, fare riempire il vuoto che è in noi da qualcuno di virtuale, meno invadente di una presenza concreta che arrivi fisicamente nel nostro spazio, ma comunque sempre di presenza si tratta, e io penso che la solitudine, per noi e per i nostri figli, sia un bene di inestimabile valore. Bello avere possibilità di condivisione, ma ricordiamo di darci delle regole, e un'igiene di vita che sia fonte di igiene psichica e dell'anima: godiamo a piene mani delle possibilità telematiche, e smettiamola di sbuffare ogni volta che vediamo i pargoli sdraiati con il cellulare in mano, bensì vediamolo per quello che è: una possibilità di contatto. E poi, spegniamo tutto, ed esigiamo lo spegnimento generale: la sera, oppure al mattino, in certi giorni, assolutamente a tavola: qualche limite si impone!

Orgoglio e pregiudizio

Ammetto di essere permalosa, e di offendermi saltuariamente, per fortuna non troppo spesso. Le ultime persone con le quali mi sono sentita offesa sono state un infermiere che durante una banale visita clinica mi ha domandato se fossi in menopausa...l'ho guardato allibita, mancava poco che gli assestassi un pugno come Lucy van Pelt sul naso di Charlie Brown, urlandogli contro "*ma cosa dici, non vedi che sono una ragazza?*"...soltanto contando fino a dieci mi sono resa conto che una domanda del genere posta a una donna di quarantasette anni non fosse un totale nonsenso, e che il ragazzo andava perdonato. Poi, tralasciando nuvole minori che hanno offuscato per un attimo la serenità con familiari, amici e conoscenti, mi sono offesa con Zara, il negozio: nella filiale sulla Bahnhofstrasse di Zurigo ho agguantato un paio di eleganti pantaloni a sigaretta, della taglia L: per il puro piacere di poi andare a prendere una M dopo una passata in camerino...beh, la brutta sorpresa è stata che non riuscivo a chiuderli in vita, altro che passare alla M! Mi sono offesa con l'intera catena Zara, decurtandola immediatamente dai miei negozi preferiti, e sentendomi da *falsa-magra* improvvisamente *totally curvy*! Prendersela con gli altri è molto pratico: consente di non fare i conti con se stessi, di non rivedere le proprie posizioni, e di nascondersi scomode verità. Io lo consiglio vivamente, a patto di non incarognirsi troppo con gli altri e di essere disposti, dopo un iniziale buttare tutto il livore addosso a chi ci sta di fronte (persona, istituzione, marca di abbigliamento, esponente politico o altro), a fare i conti con l'avversario più temibile: noi stessi, e il tempo che passa, il girovita che aumenta e tutte le altre magagne annesse e connesse...Ma un po' di tempo aiuta, un iniziale dare la colpa a chi ci sta di fronte è umano e del tutto perdonabile: facciamo la pace con la nostra permalosità, caratteracci di ogni angolo del paese!

La lupa che vive in me

Conoscete la bramosia?...benvenuti nel girone dei bramosi, quella categoria di persone che partono con una fissa e finché non ci mettono sopra le zampe non sono soddisfatti: che si tratti di una borsa Dior nera, di un'esperienza, di una persona, di un libro, di un animale, di un concetto...partiamo in quarta e non abbandoniamo la preda finché l'abbiamo divorata. Più scappa, e più la caccia si fa interessante...dentro di noi vive Diana la cacciatrice, che si aggira per i boschi con arco e frecce, stimolata da tutto ciò che si muove, a fiutare cerbiatti e lepri: più scappano, e meglio è! In assenza di una preda, la vita perde sapore, ci si intorpidisce, i muscoli si impigriscono e la vista si annebbia nella noia...dai, adesso esagero, in realtà un po' di riposo lo merita anche Diana, e a volte è molto salutare lasciar correre i cerbiatti e guardare lontano, senza cogliere subito lo stimolo alla cacciagione. Anche Diana ha i suoi momenti di soste pensose e flemmatiche nel fitto del bosco, i suoi tuffi solitari negli stagni discosti, i momenti di pausa nei quali posare l'arco e riposare. Io potrei fare un elenco di cose che desidero e caccio da anni, senza stancarmi mai, anzi: mi stanco, ma non per questo smetto di cacciare...mi riposo, taccio, e poi riparto in quarta, e più l'oggetto sfugge, più sento la bramosia...non è bello: è una confessione, non un vanto! A volte penso che il mondo si divida tra prede e cacciatori, in un'alternanza sempre in movimento, simile ad una danza che ci vede tutti coinvolti, tutti in corsa, tutti a caccia o in fuga da qualcuno o da qualcosa. E voi come vi sentite oggi...prede o cacciatori, o anime a riposo nel folto del bosco?

La speranza e la pazienza

La pazienza è una forma di saggezza: dimostra che comprendiamo e accettiamo il fatto che a volte le cose devono svolgersi secondo i loro tempi. Un aspetto problematico è che è difficile raggiungere quello che io chiamo "il punto zen del riposo profondo", cioè quel tempo sufficiente (per alcuni qualche minuto, per altri un pomeriggio intero o un fine settimana, un mese, un'estate!) per poter staccare la spina e rientrare in se stessi, dedicandosi a quello che più rilassa: la lettura, la visione di film, il giardinaggio, il riordino o anche il semplice e sacrosanto dolce far niente, altrimenti detto "divanare" o "spiaggiarsi come un'allegra balenottera". Ogni volta che una madre si dedica con la consapevolezza delle proprie limitate risorse e del fatto che sia necessario coltivarle e averne cura per il benessere sul lungo periodo proprio e dell'intero nucleo familiare, ecco che, come seguendo un radar infallibile, si manifestano i pargoli, i mariti, gli animali di casa, i familiari generici e gli amici, nonché entità di minore importanza ma di non minore garanzia di fallimento della missione-riposo come postini, annunci telefonici di vendite di maledettissime bottiglie di olii, di vini o di prodotti per la pulizia o peggio ancora di centri estetici (mi vado bene così, grazie!). Tutti con richieste non urgenti, a volte piacevoli e gentili, ma nondimeno disturbi della quiete pubblica, o perlomeno della parziale, effimera ma quasi celestiale pace del divano, dell'amaca, della sdraio, dell'angolino di mondo che, zitta zitta senza dar fastidio a nessuno, la suddetta madre si era scavata, acciambellandosi nella sua beata solitudine in attesa di raggiungere il punto zen del riposo profondo. Il risultato è: madre isterica, richiedente frustrato. Bisognerebbe fare qualcosa per questa calamità, pur piccola se confrontata ai grandi drammi dell'esistenza, ma comunque perniciosa sul lungo periodo. I miei consigli: staccare i telefoni, mettere un cartello alla porta, cercare ore di solitudine garantita nei boschi o sulle rive dei fiumi e...resistere nel cercare e proteggere le proprie aree di rigenerazione cellulare profonda. Più economiche e più benefiche di qualsiasi massaggio, seduta dall'estetista o tour di shopping compulsivo per smaltire il nervoso generato dal non essere riuscite a riposare a dovere!

Un centro di gravità permanente

"Ognuno al cospetto della propria coscienza si chieda attorno a quale centro egli gravita, qual è la forza che suscita e attrae le sue energie, in base a quali obiettivi struttura la vita, qual è l'ideale che dà forma alle sue giornate e di conseguenza alla sua personalità, e rispondendo scoprirà chi è, o cos'è, il suo dio". Questa è una frase del teologo Vito Mancuso, e mi ha colpita, tanto da ripensarla mentre ascoltavo il selvaggio frinire di una cicala. Il nostro centro, ora e adesso, qual è? Il progetto delle prossime ore, il rammarico per un'occasione persa, il vuoto, la speranza in che cosa? Io l'ho bene chiaro in mente, e nel contempo molto confusamente lo sento: lo sento più facilmente quando ascolto la musica, quando vado in auto da sola (così raramente da diventare occasione preziosa), quando cammino abbastanza a lungo nei boschi e la fatica inizia a sprigionare buone endorfine. In certi momenti, mi è molto chiaro il mio obiettivo di vita, il mio centro di gravità permanente. Poi, vengo presa come tutti dal vortice di cose da fare, cose imposte, cose non scelte...a scodinzolare e saltellare in giro come un cane che insegue un'aringa affumicata che la vita gli mette davanti con un filo appeso ad un lungo bastone...e lui lì, ad inseguirla per un effetto condizionato: senza possibilità di scelta, prigioniero dei suoi istinti. Nel mio caso, istinti aggregativi, di socializzazione, di senso del dovere. Un cagnolino addomesticato, non una persona libera...ma la solitudine poi aiuta a ritrovare il centro di gravità, e a ricentrarci su ciò che conta: approfittiamo di ogni possibilità per ritrovare il nostro personale e unico centro di gravità.

La speranza, ottima colazione e pessima cena

La speranza non è nel futuro ma nell'invisibile: lo ha detto il filosofo Raimon Panikkar. Quello che io dico, pensando a certe mie interazioni con le persone a me care, è: "le mie parole, sapore di sabbia in bocca. Le tue, sassi nelle orecchie." Nel senso: perché è così difficile andare d'accordo a volte, e dirsi cose gentili, come fa quel mio amico che quando si rivolge a me inizia dicendo "Meravigliosa creatura!...": perché non possono usare gli stessi riguardi figlie, marito, amici più vicini? Sarà che troppa confidenza fa perdere la riverenza, sarà che finisce sempre che mi dicono che "rompo", che sono "troppo" (troppo attenta, troppo affettuosa, troppo invadente, troppo piena di richieste, proposte, idee, esigenze,...). Chi *non mi ha*, pensa spesso che sia una meravigliosa creatura, e chi *mi ha* farebbe volentieri a meno di me: è questo il dramma comune di molte persone, forse di tutte in certi momenti della vita! Persino il mio cane mi dà un leggero ringhio d'avvertimento quando lo abbraccio con trasporto nel sonno! Ma so che per tutti è così, e me ne faccio una ragione. Quando le cose vanno bene, faccio spallucce e tiro avanti...ma quando sono giù di morale, ecco che inviperisco, e dico cose che mi fanno sentire il sapore della sabbia in bocca, e le parole di allontanamento dei miei cari sono come sassi lanciati nelle orecchie. Se avessi una soluzione, ve la darei. Attualmente, progetto di fuggire in totale solitudine su un alto monte, e come soluzione non mi pare la migliore: da una professionista del settore psicologia si può pretendere di meglio, concordo con voi, e mi impegnerò per andare oltre!

La vendetta del kiwi

Il giardinaggio ha molto da insegnare. La semplice arte di strappare erbacce e curare un giardino è sicuramente una via zen privilegiata. Io quest'anno sono a caccia di luce, e perciò già prima della primavera mi sono data da fare tagliando alberi e cespugli per fare spazio e luce nel mio piccolo giardino. Ho imparato che la forza delle piante è incredibile: non importa quanto tagliate, l'impulso vitale resterà intatto e vi sorprenderà all'arrivo della bella stagione con nuovi germogli. Avevo tagliato un grande calicanto, e me ne ero un po' pentita, perché amo molto il profumo che in febbraio spigionano nell'aria i suoi fiori...beh, non ci crederete ma dal ceppo secco sono ripartiti nuovi germogli, e adesso è uno spettacolo di pianta ringiovanita! Avevo anche tagliato un alloro altissimo, lasciando solo un tronco secco...ora sono rinati molti ramoscelli, e l'anno venturo neppure ci si accorgerà che avevo tagliato un piantone alto almeno sei metri! Stesso discorso per il fico: rinato dai ceppi più vigoroso di prima, e così le rose, l'oleandro e tutto quello che mi ero accanita a distruggere in un impeto da Conan il barbaro! Un mattino, non doma, ho raso a zero quattro piante di kiwi che non lasciano entrare la luce nello studio, rendendo l'atmosfera tenebrosa...i kiwi vegetano in modo impressionante: se state via per una settimana, al ritorno si sono avvinghiati alle sedie da giardino e ai canali di scolo della casa, e continuano nella loro crescita selvaggia come fossero in una foresta tropicale. Ho detto loro: "Ragazzi, o voi o la luce per noi umani, mi spiace!" e mi sono data da fare con forbici, il mio amico seghetto e la forza delle braccia. Mi sono ritrovata stremata, con le mani che non rispondevano più ai comandi. Ma molto felice della bella luce che entrava finalmente nel giardino e in casa...per qualche mese, poi assisterò alla vendetta dei kiwi!

Quel che c'è tra di noi

Capita di sedere in due su un muretto, su due sedie sgangherate o ai piedi di una scala meglio che su poltrone di velluto o sedie griffate che distolgono l'attenzione dall'essenziale, e di essere non in due, bensì in tre. Si è sempre in tre quando si è in due: in mezzo c'è un fardello, un fagotto di non detti, di parole trattenute o impossibili da dire, spesso ignote a uno dei due. Si siede e si parla di tutto, mentre il fagotto di ciò che c'è tra le due persone se ne sta lì, acciambellato come un gatto, a volte minaccioso, altre sinuoso e ammiccante. A volte c'è una forte attrazione, che non si può dire al mondo e neppure a se stessi. A volte una grande irritazione per un'aspettativa delusa, oppure un dolore, o l'attesa di qualcosa. È così nel mondo, ed è così con i figli: non si è mai soli con loro: ci sono il passato, il non detto, le aspettative, i timori e i tremori, la nostra stessa infanzia, gli avi e gli abiatici che verranno. Non si è mai in due quando si è in due, per questo è così complicato incontrarsi, parlarsi, capirsi: un miracolo, quando accadono momenti di condivisione, quando il sole fa capolino tra le nuvole e per un istante si è uniti, si vede l'altro per quel che è, un individuo libero e meraviglioso, e si vuole il meglio per lui, per lei, per il mondo intero. Quando siamo innamorati di un essere umano, e ogni mamma sa cos'è l'amore, amiamo di conseguenza e in modo struggente tutto il mondo, inevitabilmente. Ma a volte quel fardello tra noi e l'essere amato si fa ingombrante, troppo ampio, tanto da impedirci di raggiungere l'altra persona. Per questo dobbiamo fare spazio, cercare la pace, togliere gli strati che ingombrano e rendono il fagotto tra noi troppo grande. È complicato vivere in famiglia: si è una grande quantità di persone pur essendo cinque, e io mi stanco quando ho a che fare con più di una persona, fatico a togliere strati per arrivare a raggiungere l'altra persona, e a farmi raggiungere. Per questo, è un'ottima cosa cercare dei momenti per stare solo in due con i vari membri della famiglia, sapendo che non si è mai solo in due quando si è in due!

Pensieri d'amore e di speranza

Un impiegato che fa il suo lavoro con onestà e coscienza; una madre che tiene acceso il fuoco e cucina per la sua famiglia; uno scrittore che scrive nel suo casolare solitario; una studentessa che affronta il proprio destino a lunghe falcate...tutte persone che non sanno quanto io pensi a loro, e quanto la loro esistenza mi riempia il cuore di gioia, e di speranza, oppure anche di allegria: certe mattine mi sveglio pensando a una persona che mi piace, e mi pare che il cuore possa spezzarsi al semplice pensiero che questo essere umano esista, viva la sua vita con coraggio e buoni principi, con momenti di stanchezza e di scoraggiamento come capita a tutti, ma con dignità e anche con qualche gioia. Non sanno queste persone, che non appartengono alla mia vita, scollegate da me per periodi anche molto lunghi, che io le amo in modo del tutto disinteressato: non voglio niente da loro, la loro esistenza non è necessaria alla mia come lo sono invece le esistenze dei miei familiari, in qualche modo, e dunque inevitabilmente il mio amore per i miei cari sia un tantinello interessato. Posso vivere molto bene senza queste persone lontane, ma il pensiero della loro vita riempie la mia di un fuoco di speranza, e di allegria. Non è necessario che lo sappiano, ma mi piace pensare che il mondo vada avanti anche grazie a queste correnti di simpatia, o d'amore puro. Non riesco quasi a credere che qualcuno provi gli stessi pensieri per me, perché noi viviamo le nostre emozioni dall'interno, ma non possiamo sentire allo stesso modo quelle altrui...eppure, mi capita di avvertire in certi momenti difficili quasi la sensazione di una mano sulla spalla, o un alito caldo che mi soffia vicino: mi piace pensare che forse sia qualcuno che pensa a me benevolmente, senza chiedermi nulla, soltanto augurandosi il mio bene, senza che io possa saperlo con certezza. Senza scambi, senza dare a avere, senza interessi: amore puro. Buon Natale a tutti coloro che hanno il cuore pieno d'amore.

La libertà e la famiglia

Cosa farei senza la mia famiglia? Intendo dire, a parte il fatto che svolazzerei di fiore in fiore e passerei da un aperitivo a un'interessante conferenza senza la preoccupazione della cena da preparare, senza la stanchezza del pensare a come far star tutti bene, senza le preoccupazioni, le distrazioni, le arrabbiature? Scherzo, naturalmente...il vivere in famiglia comporta di certo un buon numero di seccature e di limitazioni, che vengono però ampiamente compensate da tante gioie, calore e senso di appartenenza. L'altro giorno, facendo la spesa, la figlia più salutista mi ha impedito di comprare una confezione di merendine (con in regalo una figurina della pesciolina svampita Dory, il mio personaggio preferito!) e una giga-tavoletta di cioccolata al caramello. Ho protestato, rimettendo di soppiatto tre volte le suddette merci nel carrello, finché mi è toccato sorbire una predica rovesciata (nel senso che dovrebbero essere le madri a fare le prediche sull'alimentazione alle figliole, non vice versa) sul fatto che questi oggetti non siano autentici cibi, e soprattutto non siano né buoni, né sani. Ho replicato che io appartengo alla generazione cresciuta a merendine confezionate e tavolette di cioccolata, dunque che per me sono beni-rifugio, da tirar fuori quando ho bisogno di conforto. Mi ha detto, lapidaria: *"Mamma, non ne hai bisogno!"*. Touché: uno a zero per la ragazzina! È verissimo: non abbiamo bisogno di una quantità di cose delle quali pensiamo di non poter fare a meno, e che ci intossicano lentamente. Siamo più liberi di quanto pensiamo di essere, basta solo che lo vogliamo, che ci apriamo alla libertà. Paradossalmente, essere intrappolati dentro dei legami (in questo caso, familiari) è la condizione di partenza per capirsi, e diventare davvero liberi. Se svolazzassi tra mille possibilità di vita, sarei molto più intrappolata di quanto sia ora, perché la libertà non dipende tanto da quel che c'è all'esterno, ma da quanto siamo disposti ad abbattere delle nostre barriere interne. Buon inizio anno, più liberi e leggeri e...occhio a quello che mettete nel carrello della spesa!

DUEMILADICIASSETTE

Mi sono innamorata di un albero

Il mio amore risale a molti anni fa, e si rinnova a ogni stagione. Ora che l'inverno è ormai inoltrato, la mia pianta, una betulla, si è spogliata delle sue foglie, e la sua nudità è vagamente disturbante per me: la trovo bellissima e quasi troppo esposta agli sguardi, ne sono in un certo senso gelosa. Vivo nella paura che qualcuno, il proprietario del terreno o un'ingiunzione comunale, decida di abbatterla, e non immagino la mia vita senza di lei. A lei associo momenti di profonda beatitudine, osservando gli uccelli che si posano sui suoi rami in certe mattine di serena tranquillità casalinga, socchiudendo gli occhi per meglio ascoltarne il canto. O la fresca melodia delle fronde mosse dalla brezza leggera delle sere estive; e la danza magnifica delle foglie che si colorano di allegri gialli autunnali e poi scendono a terra con una grazia che accenna a mondi molto distanti dall'insensato vociare del mondo moderno. La mia betulla è una maestra di vita, mi insegna l'impermanenza delle cose e la grazia della vita. È un'amica: ascolta il mio cuore ferito e mi consola, ma sa anche ridere insieme a me nei momenti di allegrezza, e a lei levo calici di curcuma e limone in onore di persone che passano nella mia vita, mentre lei, fedele, rimane. In suo onore alzo gli occhi alla ricerca dei suoi simili ovunque mi trovi, e sempre trovo un fratello albero pronto ad accogliere le mie confidenze e a consolarmi con il suo splendore: un pino marittimo che si staglia sul mare; un abete dove riposo l'anima in montagna; un ippocastano dove non parlano la mia lingua: ma lui, ho l'impressione, capisce i miei giochi linguistici, o meglio la nostra conversazione trascende l'uso delle parole, anche se io essendo umana formulo i miei pensieri attraverso di esse.

Quel che fiutiamo nell'aria

I giapponesi hanno un bel modo di dire: "fiutare l'aria", nel senso di riuscire a capire quello che non viene detto in una conversazione o quello che viene omesso in un testo scritto. Richiede capacità intuitive, esperienza, il non dare per scontato che quel che viene detto corrisponda all'unica verità disponibile. Troppe volte pensiamo di capire come funziona il mondo, mentre non ne vediamo che una ristretta parte da una prospettiva distorta dal nostro angolo di visuale. Lo penso camminando nei boschi con il mio cane: Runa si ferma ad annusare l'aria, a volte si blocca come per un pericolo imminente, e mi guarda allibita mentre io procedo tranquilla come Cappuccetto Rosso. Sembra dirmi: *"Ingenua creatura umana, non senti che c'è odore di cinghiale, non hai udito quel fruscio tra i rami?"*. Oppure, balza baldanzosa e felice giù per un pendio mentre io procedo a tentoni, senza riuscire a condividere il suo entusiasmo per cose che non vedo, non sento, non so. La situazione si capovolge quando camminiamo in città: sulle vie asfaltate sono io quella che ha più competenza, quella civilizzata, che trattiene al sopraggiungere di un'automobile la sua esuberanza verso l'altro lato della strada, dove un altro cane o un profumo invitante hanno catturato ingenuamente l'attenzione della pelosa creatura. Sono io che decreto in modo credo del tutto arbitrario per il povero cagnetto che su un determinato prato sia consentito fare la pipì e sul tappeto verde fuori da una boutique assolutamente no! Per questo è istruttivo e arricchente avere a che fare con persone di ambiti differenti e con creature di diverso genere: ci aprono gli orizzonti, e ci aiutano a fiutare l'aria.

Un po' di moderazione

A volte penso di essere fatta su male, poi mi guardo intorno e mi accorgo che siamo tutti difettosi, e che i nostri difetti ci rendono complessi ma anche unici. Nel mio caso, si sono dimenticati di inserirmi la modalità *moderazione*: provo simpatie smisurate, affetti sconfinati, amori assoluti...oppure odi viscerali, inguaribili antipatie, biechi sentimenti di profonda repulsione. Mi sono accorta che ben difficilmente una persona mi risulta indifferente, ben raramente ho a che fare con qualcuno che non provochi in me onde lunghe di sentimenti, di pensieri, di galassie. Nessuno lo nota, e mi dicono fin da quando ero bambina che sembro equilibrata e tranquilla...la cui osservazione non smette di suscitare in me la domanda: se la mia persona in cui vivono uragani appare tanto tranquilla, cosa deve animare gli esseri umani le cui passioni traspaiono anche esteriormente, quelli visibilmente entusiasti o collerici!?

Una grande alleata è l'educazione: fin da piccoli impariamo a tenere a bada le nostre antipatie, ed è cosa buona: non picchiare il vicino di banco è già un bell'esercizio di stile! Poi, la vita ci insegna che laddove esistono impulsi all'odio, lì attorno c'è anche qualcosa che amiamo. Niente che non ci dia frustrazione o rabbia è in grado di darci anche soddisfazione o amore. Spesso non nella stessa persona, ma in ciò che quella persona suscita in noi...ad esempio, provo rabbia verso una persona potente perché vorrei avere più potere nella mia vita. Si odia lo straniero perché ci ricorda che siamo tutti un po'ospiti della terra, e che il nostro destino è incerto. Amo la docente di italiano delle medie perché incarna le qualità che vorrei avere da adulta...e questo è il caso della mia piccola, che mi ha detto che la bella prof. P. è un "faro di sapere che illumina il mare dell'ignoranza"!

Viziarsi e coccolarsi

La vita è già fin troppo dura per non concedersi qualche goccia di splendore. Viziare se stessi con piccoli atti di riconoscenza verso il nostro corpo e la nostra anima è, a mio parere, un atto dovuto e imprescindibile. Una cosa che mi piace fare per iniziare bene la giornata è organizzare una bella colazione, da sola o in compagnia. Mi alzo all'alba, osservo per un po' la luce naturale, il suo mutare e rendere differenti ogni giorno le stesse cose, fuori e dentro le finestre. Poi, accendo una candela e preparo un tè con un'ottima miscela, una tazza di bircher con frutta fresca tagliata a pezzetti e yogurt, un'arancia spremuta o un centrifugato. Dispongo tutto con cura sul tavolo, se voglio esagerare scendo in giardino e raccolgo un ramoscello o un fiore per dare un tocco di decorazione aggiuntiva. E a questo punto scatta l'elemento-sorpresa che fa della colazione un vero e proprio momento di piacere: me ne vado in un altro locale con qualche pretesto, poi torno e...ta-tà, mi sembra che una schiera di servitori angelici abbia apparecchiato la tavola per me, e mi gusto la colazione ascoltando il silenzio e assaporando la sinfonia dei sapori, pensando con calma e gratitudine alla giornata che mi attende, dando il tempo a nuove idee di palesarsi e a lampi di creatività di rendersi concreti.

Non funziona sempre così, a volte si va di caffè istantaneo e biscotti, tra le esortazioni a prendere questo e quello alle figlie e *discussioni-rovina armonia-per-sempre-almeno-per-un'intera giornata*! Altri piccoli piaceri sono le mattine senza agenda, possibilmente in pigiama a leggere; i bagni profumati; le passeggiate nel bosco al calar della sera; le cene tra amici in cui si suona e si danza; l'acqua bevuta nei bicchieri di cristallo; la casa in ordine; il tempo per pensare: il tempo è il più grande lusso che mi venga in mente...il mondo si divide tra poveri, che sono sempre di fretta, e ricchi, che si prendono il tempo per gustarsi la vita.

La luce fa la differenza

Ci sono città, regioni e luoghi che hanno una luce dura...città attorniate da montagne, che fanno sparire presto il sole e nelle quali le mattine sono un'epifania di speranze che si scontrano contro la durezza dei giorni, la mancanza di lavoro che svuota le case, la povertà di incontri e l'abbandono. Luoghi in cui non è bello vivere, ma che sono spesso incantevoli a un primo sguardo. Arrivano persone stanche della vita che conducono altrove, scottate dal commercio con le persone, e decidono di fermarsi lì a vivere una vita nuova, un nuovo inizio, una primavera tardiva. Acquistano una graziosa casetta, fanno un progetto di stalla avendo visto qualche capra unicamente nelle escursioni estive, oppure programmano una vita lavorativa al computer sulla banda larga. Senza sapere dei fantasmi dei luoghi, senza aver dimestichezza con le storie del passato, senza conoscere le tradizioni delle quali si appropriano con una curiosità esotica simile a quando si legge il menu al ristorante giapponese. Quasi sempre, finisce in tragedia. Case svuotate da metà della famiglia, solitudine attutita dai superalcolici, episodicamente droghe pesanti per reggere un peso troppo grande messo sulle spalle con leggerezza. La luce fredda del luogo inonda il volto devastato, i capelli scarmigliati e gli occhi pieni di orrore. Me lo dico ogni volta che mi viene il pensiero d lasciare il luogo in cui vivo e del quale i miei antenati conoscevano quanto me la storia, gli usi e le vie. Quando mi prende il desiderio di salutare tutti e di andarmene in montagna ad allevare capre, in una sperduta baita che nella mia mente somiglia alla capanna del *Walden* di Thoreau, ma che nella realtà si riempirebbe presto di fango sgretolato dagli scarponi, di sinistri echi dalla città e di mancanza. E, soprattutto, che, passato l'entusiasmo dei primi mesi, si riempirebbe degli stessi fantasmi che camminano accanto a me nelle vie cittadine: ciò da cui è impossibile fuggire siamo noi stessi.

Genitori e figli

Raccontavo a pranzo alla piccola di casa di una bella serata trascorsa da noi due genitori con amici: una casetta nel bosco senza corrente elettrica, una cena semplice a base di prodotti della terra illuminata dalle candele, un po' di musica con tamburi e altri strumenti tradizionali, discussioni, risate e vino. La figlia tredicenne, con la faccina inorridita di quando le si raccontano cose che preferirebbe non ascoltare, mi ha fermata con decisione: "Alt! Se mi chiedessero di farmi vedere tutta la mia vita, chiederei di tralasciare delle scene come i miei genitori in una casa fuori dalla civiltà con persone diverse da quelle normali, intenti a fare cose strane!". Non ho potuto smettere di ridere per tutto il pomeriggio per questa constatazione: ai figli piace costruirsi un'immagine il più possibile convenzionale e rasserenante dei genitori, e se possibile preferiscono non conoscere dettagli troppo personali. Esempio classico: ogni volta che cambio l'immagine profilo su whatsapp o su facebook, fioccano i messaggi delle figliole (i messaggi che mi fanno battere più forte il cuore): "*mamma, il tuo stato...*", e non lo intendono mai come un complimento, anche se non possono fare a meno di sorridere perché di solito cito qualche loro uscita che ha riempito di allegria la mia vita fin troppo adulta. Non parliamo di amori passati o presenti: i genitori per tutti i figli sono esseri quasi angelici, meno se ne sa e meglio si sta. Soprattutto in adolescenza, le figlie patiscono un po' le stramberie delle madri, le mattane e le esuberanze del cuore, i balletti accennati tra le corsie del supermercato...salvo poi apprezzarle più avanti, quando il giudizio dei pari non è più così vitale, ed è possibile accettare e anzi andar fiere di una mamma un po' pazzerella che si presenta agli appuntamenti con qualche foglia tra i capelli, e che neppure quando si impegna ad apparire il più banale possibile finisce per tradire la sue natura magica seminando qualche scintilla di stelle negli angoli più impensabili. Ma, si sa, in ogni donna si nasconde una fata o una strega!

Le partenze e le intermittenze del cuore

La figlia grande si prepara a partire per l'università in una città lontana...d'accordo, per il mio cuore di mamma persino Bellinzona sarebbe già "quasi estero", ma qui si parla di ore di treno: non so come sia potuto succedere, visto che fino a poco tempo fa ricamavo contrassegni per i grembiulini della scuola dell'infanzia, poi merendine per le elementari, scarpe calde sul calorifero per le partenze verso le medie e posto a tavola per gli amici del liceo. Ora partirà, e la sua camera resterà vuota e ordinata (che aspetto assumerà, ordinata?!), in attesa di qualche fine settimana di rientro, per poi diventare un magazzino di ricordi e di libri che nessuno legge più, fino a venir trasformata in stanza per gli ospiti e per chissà quale passione subentrerà nel frattempo, magari uno studente, magari un migrante, magari l'occorrente per qualche strana occupazione che ancora non immagino, ma che già attende il mio riconoscimento, di quelle bizzarre occupazioni che impegnano le persone nella seconda parte dell'esistenza. Come corre, la vita: me l'avevano detto, ma non ci credevo, pensavo capitasse agli altri ma non a me, a noi. Pensavo, assurdamente e umanamente, che saremmo stati per sempre noi cinque, e tutto il mondo attorno. Mi mancava un pezzo di cuore ogni volta che un membro della famiglia era lontano per qualche giorno, e quando eravamo tutti dicevo ridendo che siamo troppi per dar retta a tutte le esigenze, per far vibrare e decantare le energie di tutti quanti. Ma non era vero: a me piace stare tutti insieme, anche se periodicamente ho bisogno di spazi di libertà interiore ed esteriore. E adesso, una di noi cinque se ne andrà, portando con sé un pezzo del mio cuore, nonché la sua allegria e la sua capacità di farmi ridere. Quando tornerà, sempre più raramente, sarà un'ospite accolta con feste e gioia, ma non sarà più come quando si viveva insieme, si dividevano le abitudini e gli oggetti. Sobbalzerò a ogni messaggio sul telefonino, partirò per viaggi della speranza curiosando nel suo nuovo mondo, poi sarò vecchia e inutile...Le ho chiesto: *però, figlia mia, nella tua vita adulta, teniamoci in contatto, sempre e per sempre.*

Crescere, che impresa!

Un'escursione in un centro commerciale insieme ad un'adolescente è un'attività che sfiancherebbe qualsiasi essere umano, figuriamoci una madre tendenzialmente allergica ai luoghi affollati votati al consumismo sfrenato e acritico. Uscendo nella fresca aria della sera, le ho fatto una bella predica su quanto essere una tredicenne sia una situazione del tutto particolare nell'arco della vita, per via degli squilibri ormonali con tutti gli annessi che portano a passare da uno stato di allegria pazzerella a un altro di rabbia omicida con ben poche soste nelle lande della stabilità mentale. Le dicevo in tono pacato e da adulta saggia e consapevole che ho molta comprensione per lei e i suoi coetanei, esseri umani in formazione che si trovano in una fase nella quale sono molto più adulti dei bambini, e credono di sapere molto della vita, mentre in realtà ne sanno ancora pochissimo, quasi niente, e sono perciò portati a pensare di padroneggiare le situazioni mentre in realtà sono preda dei famosi ormoni, e in generale inclini ad essere manipolati dai gruppi, a cadere prede delle mode, a immaginare come indispensabili cose del tutto futili, a dare troppa importanza all'opinione dei pari, ai giudizi altrui, e in generale a credere di essere il centro dell'universo, mentre in realtà la terra gira attorno a quella grande palla gialla in cielo chiamata sole. Così presa in una spiegazione scientifico-poetica che neppure Piaget, mi accingevo ad aprire l'autovettura, in piena foga argomentativa. La tredicenne, stretta nei suoi jeans e nel suo maglione neri come un piccolo corvo, mi ha guardata incrociando le braccia: *"Mamma, quella non è la nostra auto!"*...Ecco una bella lezione per chi pensa di aver capito tutto della vita!

Le passeggiate solitarie

Io cammino. Come un viandante, come una pellegrina, come un monaco itinerante, come un povero bau con cane appresso. L'altro giorno mi sono spinta fin al fiume Breggia, dove d'estate vado a nuotare, e arrivata al *Punt da Canaa*, sotto il grande viadotto di Castel San Pietro, poco distante da dove un tempo c'era un mulino, ho guardato sotto il ponte le acque impetuose e le rocce, e mi sono immaginata di lasciarmi scivolare giù: l'attrazione del vuoto che fa tremare le ginocchia e nel contempo chiama a sé...Non per disperazione, semmai il contrario: per serenità dell'aver vissuto una buona vita. E anche per un po' di timore verso quello che mi riserverà il futuro: fino ad oggi le cose mi sono andate tutto sommato bene, ho dato e avuto, e i miei conti sono in positivo...pur considerando che non sono una grande economista, quindi la metafora è del tutto mal scelta! Ora ho dato al mondo, e ho anche preso: può forse bastare così, in fondo un secolo fa alla mia età si era già vecchi. E poi, vedo professionalmente e fuori dallo studio troppe sciagure e dolori per illudermi di poterne essere risparmiata per sempre. Non capitemi male: mai compirò un gesto estremo, perché penso non spetti a noi decidere l'ora della nostra fine, e neppure mi auguro di essere al termine del viaggio: per esperienza, so che quando si pensa che le cose siano terminate, spesso inizia la parte più bella. Come le feste, dalle quali si parte e poi si scopre che è bellissimo camminare insieme verso casa, e inizia una seconda festa, più intima e *nostra* rispetto a quella *pubblica*. Il fatto è che potrebbe terminare tutto da un momento all'altro: a volte ne ho chiara la consapevolezza, e l'idea di scivolare nel fiume mi sembra dolce, portatrice di pacatezza, un riposo per il mio povero cuore che si dibatte instancabilmente, e una liberazione per l'anima intrappolata in un corpo ad alto rischio di trappole barbine.

La magia nella vita quotidiana

Mi è scaduta la magia e non è più in garanzia: è ciò che penso a volte, quando mi rendo conto che certi riti perdono importanza, e si trasformano in gesti vuoti. Alcune passeggiate, in determinati momenti della vita fonti di rigenerazione, diventano un vuoto strascicare un passo dopo l'altro. Certe persone, che erano importanti: le incontro e mi rendo conto che quel che ci legava è sepolto in qualche passato irraggiungibile. O dei momenti con il marito e con le figlie: alcune volte, attimi di magia, e altri vuoto passaggio di consegne. Insomma, la vita è intrisa di magia, ma la magia è ballerina, le piace nascondersi tra le pieghe del quotidiano, e non ci sono gesti sicuri per raggiungerla: arriva quando arriva, e i nostri riti sono soltanto un tentativo per trovarla. Il rossetto nuovo a una nuova fase di vita, il cappuccino con l'amica, l'accoglienza solitaria di un albero speciale, la risalita in montagna, il cambio degli armadi, una candela a illuminare la tavola: a volte funziona, altre no...dipende poco dalla nostra volontà, quanto da circostanze alchemiche, forse dai nostri ormoni misti alle traiettorie di luna e ai passaggi delle stelle. Ma l'importante è crederci, nella magia, e continuare a cercarla: nel dettaglio, nella cura, nell'amore che abbiamo verso la nostra famiglia, il nostro territorio, la nostra cerchia di amici. Continuare a sperare nella fortuna, e propiziare ogni partenza e ogni arrivo, trasformare ogni pasto in una celebrazione della vita e la nostra casa in un angolo di pace. Poi, a volte, la magia arriva.

La famiglia

La figlia ha invitato a pranzo un nuovo amico. Per farle fare bella figura ho apparecchiato la tavola in salotto e preparato un buon pranzo. Mi sono vestita come si vestono le mamme: niente magliette stracciate di vecchi gruppi rock con dita medie alzate, no no no, silenziare l'anima rock! Sembrava tutto rassicurante, se non che al momento di sederci a tavola a qualcuno è venuto il guizzo di andare a vedere come se la passasse il topo di casa. Ecco: proprio quella domenica il gerbillo chiamato Jimmy, che avrebbe dovuto vivere due anni, dopo quattro è trasceso a un'altra dimensione. Il papà è andato a prendere il tamburo rituale, scandendo una musica di commiato. Io ho preso un drappo funebre per avvolgere la piccola salma e siamo scesi in processione al fiume per seppellire Jimmy come abbiamo fatto per tutti i piccoli animali domestici: pesci, tartarughe, rane, uccelli, lucertole, in un caso persino pidocchi dei capelli. Lo abbiamo tumulato sotto dei sassi; la piccola li ha ricoperti di margherite e primule e poi abbiamo ricordato episodi di questi quattro anni con il topo. Poi, siamo tornati a casa insieme all'amico, che era rimasto in quello che definirei un rispettoso silenzio. A sera, la figlia ci ha detto che non siamo una famiglia normale, e che un estraneo potrebbe anche spaventarsi di fronte ai nostri entusiasmi e ai nostri rituali. Le ho dato ragione, concludendo che non esistono famiglie normali, e che è arricchente aprirsi a modi differenti di declinare i vari aspetti del vivere umano.

Prima classe

Che periodo magico, la nascita di un bambino! Quando le mie figlie erano nuovi esseri su questa terra, accolte con gioia e con amore, mi piaceva pensare a loro come a messaggeri di un altro mondo, incarnate in un corpo morbido e delizioso che meritava un trattamento di prima classe: le vedevo come nobili e splendenti principesse scese in un albergo di estrema eccellenza del quale il loro papà e io eravamo i responsabili. Bagnetto ogni giorno, i tessuti più morbidi per le loro pelli profumate, passeggiate in carrozzina nelle ore e nei luoghi più belli, perché ogni esperienza fosse un evento, ogni giorno una festa. E lo era, una festa: questo servizio di *classe A* coinvolgeva anche noi genitori, che ci sentivamo privilegiati testimoni di una quotidiana meraviglia. Che begli anni abbiamo avuto insieme! Anni di stupore, di contemplazione, di gratitudine: gli anni che conoscono tutti i genitori, a patto di essere sufficientemente fortunati da poter convogliare tutta la propria attenzione sulla luce di un misterioso fagottino. Poi arrivano altri tempi, i bisogni personali dei genitori e le faccende del mondo esterno tornano, giustamente, a farsi sentire. Ma almeno i primi tre anni della vita di un bambino nuovo di zecca è bello, giusto e sacrosanto che sia messo al centro dell'attenzione di tutti attorno a lui, che possono illuminarsi della luce riflessa del miracolo della vita che si rinnova.

Le età della vita

A cinque anni accoglievo i piccoli dell'asilo, e li aiutavo a familiarizzarsi con la classe, mostrando loro la casetta e lo scaffale dei libri. Poco importa che sul grembiule avessi un pulcino ricamato, il mio contrassegno: io mi sentivo "grande". A scuola elementare e al ginnasio, stesso schema, e al liceo iniziavo a fare colonie dove mi occupavo di bambini e guardavo con tenerezza gli adolescenti: mi parevano piccoli, indifesi, persi in un mondo complicato. Questo comportamento di accudimento è tipico di molte persone, in genere figli di genitori depressi che hanno imparato ad accudire, cercando di farli sorridere. Un po' lo ritrovo anche nelle mie figlie, gli stessi comportamenti passano le generazioni, declinandosi in modi differenti ma sostanzialmente uguali: fateci caso, nelle famiglie. Ho trascorso una vita a sentirmi e ad essere responsabile e accudente, a dire "sono adulta": adesso me lo dicono gli altri, mentre io ho dato così tanto in termini di responsabilità individuale e di impegno, che mi sento più giovane e spensierata ora, a cinquant'anni, di quanto mi sentissi a venti! Anche questa è un'esperienza comune, che riscontro in diverse persone serie e pensose nelle fotografie da bambini, allegre e serene in età avanzata. Ma è vero anche il contrario: ognuno ha il proprio arco di vita, e non esiste una regola valida per tutti, o una traiettoria migliore di altre. L'importante è riconoscere il proprio cammino e accettarlo, con le proprie luci e le ombre che lo caratterizzano, con le gioie e i dolori presenti in ogni vita.

Tutte le mamme del mondo

Quando brontolo, la figlia mi dice *"dai, lo sai che sei la mia mamma preferita!"*, al che ribatto: "sono anche l'unica che hai!"...e lei mi risponde che no, c'è anche mamma Vero, mamma Lea, mamma Sara e via elencando diverse amiche che in ambiti differenti le fanno da mamma. Ha ragione: noi donne siamo tutte, sempre, mamme, figlie o sorelle di altre donne. Pur essendo figlia unica, ho nelle mie poche amiche storiche una fratria di sorelle. Pur avendo tre figlie biologiche, ho avuto svariate figlie in pazienti, amiche, compagne di viaggi: figlie per qualche mese, giorno o anche soltanto qualche ora. E pur avendo perso la mia mamma terrena troppo presto, ho avuto e continuo ad incontrare incarnazioni della Grande Madre, che mi insegnano e mi proteggono.

È importante questa solidarietà, questo passaggio di consegne e questo darsi importanza tra donne. Anche gli uomini sono a volte nostri fratelli, padri o figli: ma in modo più complesso, conflittuale e spesso disincarnato. Con le donne, ci riconosciamo, ci abbracciamo, ci tocchiamo il cuore, a volte ci feriamo in modi crudeli come sono crudeli i rapporti importanti e vicini al cuore: quelli tra madre e figlia, e tra sorelle. E poi ci sono naturalmente anche le nonne, le zie, le cugine, le cognate, le abiatiche e tutta una serie di parentele più o meno strette. Ricordiamocelo: nessun essere umano è un estraneo, e c'è una grande famiglia tutto attorno a noi!

Lo scoraggiamento

Certe volte mi prende lo scoraggiamento, il pensiero cupo, l'accidia. Ai pazienti tendenzialmente depressi dico sempre che la depressione è un segno di umanità, che non esiste persona umana intelligente che non conosca momenti e spazi depressivi. Avete mai sentito di qualcuno sempre e soltanto allegro e giulivo che abbia combinato qualcosa di buono nella vita? Di un filosofo o uno scienziato sempre e soltanto felice? Anche le persone più serene e sorridenti coltivano spazi aridi di pensieri cupi, soltanto che li tengono per sé, non vanno attorno ad appestare l'aria altrui con i propri deserti. E ben fanno, perché la desertificazione tende a espandersi, ed è meglio a volte starsene un po' per i fatti propri quando ci si sente giù di morale: giusto il tempo di riprendersi e poi di parlare d'altro con chi incontriamo, come non manco di far notare alle figlie quando arrivano a tavola con la luna di traverso. Io mi dispero, mi incupisco per bene e predico sciagure per l'universo mondo e per me medesima, poi mi do una scrollata, mi ricordo che dentro di me alberga una dea, esattamente come in ogni essere umano, e soprattutto in ogni donna. Mi ricordo che ho delle responsabilità verso me stessa e verso il mondo, succede che mi regali un bagno caldo e un massaggio con una crema profumata, mi infili un bel vestito e sia pronta ad accogliere il mondo con un sorriso fiducioso. Ricordandomi che non sono il centro del mondo, ma che posso contribuire a creare armonia attorno a me. Poi arrivano i pazienti che stanno bene e sorridendo dico loro *"non si illuda, il buonumore non durerà: non dura mai a lungo"*!

Il matrimonio

Esistono persone e animali che vivono in coppia, altri che stanno bene da soli. Quale che sia la fortuna, quando si fanno le cose è bello farle fino in fondo: se in coppia deve essere, che coppia sia per sempre! Intrecciare la propria vita a quella di un altro essere umano è un cammino spirituale non sempre facile, ma una bella occasione di felicità. È esperienza comune che si possa passare nel giro di poche settimane da una sensazione inebriante di gioia e di serenità, di progetti condivisi e di autentico piacere, ad un sentimento di totale estraneità e ostilità, dal pensare *"che fortuna averti incontrato!"* a *"cosa ci fa questo estraneo nel mio letto?"*. Nei momenti difficili, è possibile che si arrivi a lasciarsi, e poi a riaprire lo stesso percorso con un'altra persona: percentualmente, le statistiche dicono che una seconda unione ha maggiori possibilità di chiudersi di un primo matrimonio, e le ragioni sono evidenti: un buon matrimonio non dipende soltanto dalla persona che scegliamo, ma soprattutto da noi stessi, dal nostro lavoro su di noi e sulla relazione. Poi, le statistiche sono una cosa e le vite singole un'altra, ed è impossibile generalizzare. Ma io sono convinta che restare sia meglio che andarsene, e che la vita sia ricca nell'approfondimento più che nella varietà delle esperienze. In ogni caso, per i figli si rimarrà per sempre genitori, uniti nel loro immaginario se non nella realtà dei fatti: l'augurio per chi decide di separarsi è di continuare a essere coppia nella genitorialità.

Le letture

Un monito del filosofo stoico Epitteto avvertiva: *"non frequentare senza ragione, con tanta facilità, le pubbliche letture; e, quando vi assisti, mantieni la tua dignità, la tua fermezza, ma nel contempo senza risultare sgradevole"*. La lettura è un fatto eminentemente personale, difficile consigliare un libro, o sentirsi in obbligo di seguire un consiglio: il più delle volte se ne esce delusi, si finisce per leggere più per dovere che per piacere, associando il libro alla persona che ce l'ha consigliato. A volte ciò risulta dolce, quando si legge un testo amato da una persona cara, ma non ne risulta comunque una lettura totalmente libera. Parimenti, sono refrattaria alle pubbliche letture: gli scrittori, in generale, sono bravi a scrivere più che a parlare, e quando si fanno intrappolare in interviste e festival risultano spesso spocchiosi e vanesi, avvelenando il nettare delle loro pagine. La figlia quattordicenne ha trovato in una bibliocabina di un paese lontano un romanzo che l'ha talmente affascinata da rifiutarsi di prestarlo a chicchessia: e bene fa, perché ognuno di noi dovrebbe coltivare degli angoli segreti, dei giardini da coltivare nel proprio cuore. Il bibliotecario conosce cose di me che nessuno sa, i mesi di forti letture e quelli oppressi da troppa vita; ma neppure lui è a conoscenza delle mie incursioni in altre letture, scovate in libreria, in prestito o nei luoghi più disparati. E quando un libro mi è davvero caro, lo abbandono al proprio destino, in modo che possa parlare anche ad altri.

L'altra metà della nostra mela

È l'amore che muove il sole e le altre stelle, inutile girarci attorno: se c'è ci stravolge, se non c'è ci manca. Esistono vari tipi di amore, tutti complicati e tutti semplici: qualcuno ci attira in modo incomprensibile, e fintanto che non scopriamo perché, siamo come ammalati, come impazziti, fino agli stadi più gravi, nei quali non riusciamo a pensare ad altro, a mangiare e a vivere la nostra vita. Succede verso un'altra persona, ma anche verso un figlio, un animale, e persino per un albero o un luogo. Differente da tutti, io credo, è l'amore coniugale. Perché gli altri tipi di amore sono un trasporto di follia, a volte molto evolutivo, nel senso che ci innamoriamo di chi è sulla nostra strada per farci capire qualcosa della vita. Differentemente, ci sposiamo perché siamo intimamente convinti che rimanendo in risonanza con una data persona, nulla di male potrà accaderci. Ci sposiamo con chi identifichiamo come l'altra metà della nostra mela, con quell'essere che secondo Platone ci fa vedere come potrebbe apparire il mondo se fossimo esseri completi, e non metà di qualcosa, limitati e doloranti. Naturalmente, questa convinzione è inconscia, e come tutte le cose che nuotano nelle profondità, difficilmente visibile e misteriosa, quasi un tabù: meno se ne parla e meglio è, perché l'amore ha questa caratteristica, che non sopporta troppo le luci, le analisi, i discorsi complessi. O c'è o non c'è, e quando penso che da venticinque anni nuoto in queste acque, un po' mi felicito e un po' mi spauro!

Noi e il cibo

Come educare i nostri figli a un'alimentazione sana? Penso che l'atteggiamento migliore sia quello di una sana apertura. Meglio abituare i bambini a mangiare di tutto, evitando i tabù alimentari e cercando di non assecondarne i capricci. La frutta e la verdura si assaggiano tutte, senza drammi e senza lotte di potere: non esiste che un ragazzino si possa rifiutare di assaggiare un alimento. Se poi non dovesse essere di suo gradimento, corretto lasciargli la possibilità di rifiutarlo, come del resto facciamo noi, ascoltando i nostri bisogni e i nostri gusti. Importante è educare al senso di gratitudine per chi ha permesso a un cibo di crescere, di essere raccolto con rispetto e cucinato con amore, con la consapevolezza che la vita si nutre di vita, e che dobbiamo essere grati della vita che ci è data in dono. Seguono i ragionamenti etici: ogni individuo fa le proprie scelte a seconda del periodo evolutivo nel quale si trova. Io sono arrivata alla convinzione che gli animali siano amici, non cibo; ma a volte le ragazze reclamano la loro dose di proteine animali. A forza di mangiare tofu e legumi in deliziose ricette, però, la via è tracciata anche per loro, anche se le grandi sirene dell'industria alimentare di massa sono potenti, e a volte occorre consapevolezza e impegno per passare oltre. Ricordiamo però che gli esseri umani sono nostri fratelli prima ancora degli altri animali: evitiamo lotte inutili tra vegani e onnivori, cercando ciò che ci sembra giusto e buono...chi amerà seguirà!

-continua

NOTA SULL'AUTRICE

Un marito, tre figlie e un cane in una casa vicino al fiume. Vita che scorre, stagioni che passano nel giardino e nei boschi attorno alla casa. Al pianterreno, uno studio di psicoterapia dove regna la calma, sotto lo sguardo ieratico della dea Atena. Parallelamente, la caotica vita politica in Gran Consiglio e in Consiglio comunale a Mendrisio, sui banchi dei Verdi. Questo il punto di osservazione da dove nascono sogni, ricordi e riflessioni, simili a poesie. Grazie a *Cooperazione* che mi ha dato una colonnina settimanale dove ordinare questi pensieri.

«LO SCRIGNO DI PSICHE»
Collana di testi per la comprensione
e l'applicazione della psicologia
nella vita quotidiana

Volumi pubblicati

1. Andreas Barella, *Adolescenza, il giardino nascosto* (2ª ristampa)
   Quali miti greci caratterizzano l'età adolescenziale? E come offrirli ai nostri figli e allievi in modo da arricchire la loro crescita psichica? Un prezioso saggio corroborato da esercizi pratici da svolgere con facilità.
2. Claudia Crivelli, *È martedì Claudia* ESAURITO
3. Andreas Barella, *Orfeo e Euridice*
   Un'interpretazione del mito che narra di Poesia, di Amore, di Morte e di Rinascita. Con una sezione dedicata alla pratica.
4. Paul Rebillot con Melissa Kay, *Il Viaggio dell'Eroe* (2° ed.)
   Dal 1973 quando Paul Rebillot ha presentato "Il Viaggio dell'Eroe" a Esalen in California, il seminario ha affascinato migliaia di persone in tutto il mondo. In questo libro trovate, per la prima volta in italiano, la descrizione puntuale e passo dopo passo di questo straordinario viaggio, deliziosamente architettato e affinato da Paul Rebillot nel corso di 40 anni di sapiente lavoro. Un bestseller internazionale.
5. Mariavittoria Antico Gallina, *Gli uomini ci spiegano cose che sappiamo già*
   Dialogo su donne alfa, femminismo, ribellione, famiglia e tacchi alti.

6.-7.-8.-9.-10.-11. Claudia Crivelli Barella, *Ritagli di vita.*
Scritti settimanali su Cooperazione
L'edizione integrale, in sei volumi, delle colonnine sul tema della famiglia pubblicati settimanalmente da "Cooperazione".
Volume I – 2007-2012;
Volume II – 2013-2017;
Volume III – 2018-2019 e Blog 2008-2010;
Volume IV – Blog 2011-2013;
Volume V – Blog 2014-2017;
Volume VI – Blog 2018-2019.

CASA EDITRICE ERICLEA

«LO SCRIGNO DI PSICHE»
Collana di testi per la comprensione
e l'applicazione della psicologia
nella vita quotidiana

«NARRAVITA»
Collana di testi narrativi

«ANONIMO DI CHIO»
Collana di testi narrativi tratti da antichi quaderni
rinvenuti sull'isola di Chio.

«IMAGO»
Collana di immagini e testi che esplorano le bellezze del
mondo e dell'ingegno umano

Informazioni dettagliate sui volumi, recensioni, interviste, estratti scaricabili gratuitamente, link per acquistare con sconti cospicui: *www.ericlea-editrice.com*

Azione *Lettori aiutano editori*
Gentile Lettrice, Caro Lettore,
se notate errori di stampa e imprecisioni nei nostri volumi, segnalateceli. Sarà nostra premura correggerli immediatamente negli ebook e correggere le bozze per una prossima ristampa. Mandate le vostre segnalazioni all'indirizzo *info@ericlea-editrice.com*. Grazie mille. L'Editore.

www.ingramcontent.com/pod-product-compliance
Lightning Source LLC
Chambersburg PA
CBHW032059230426
43662CB00035B/853